Ulrich Nersinger

Sitting Bull und der Papst

Kurioses aus
päpstlichen Gefilden

Meiner Mutter Agnes

in Dankbarkeit

Ulrich Nersinger

Sitting Bull
und der Papst

Kurioses aus
päpstlichen Gefilden

Verlag Petra Kehl
Künzell 2019

Copyright 2019 by Verlag Petra Kehl

Rhönstraße 3, 36093 Künzell

Redaktion: Dr. Petra Kehl

Umschlaggestaltung: Ulrike Christ

E-Mail: info@verlag-kehl.de

www.verlag-kehl.de

ISBN 978-3-947890-00-2

Inhalt

Vorwort

Die Internet-Enzyklopädie „Wikipedia" klärt darüber auf, dass der Begriff „Kuriosum" Personen, Tiere, Gegenstände, Situationen oder Zustände bezeichne, die auf jede denkbare Art und Weise seltsam, wunderlich, komisch oder skurril erscheinen oder wirken. Das Wesen eines Kuriosums bestehe in der Verblüffung, die durch ungewohnte oder überraschende Abweichungen von üblichen Verhaltensmustern oder Denkweisen hervorgerufen werde: „Ein Kuriosum amüsiert, löst Neugier aus oder befriedigt sie."

Wer sich mit dem Papsttum, dem Heiligen Stuhl und dem Vatikan beschäftigt, hat nicht nur Wirklichkeiten unserer Zeit vor sich, sondern lebendig gebliebene Geschichte, Weltgeschichte. Er tritt in ein gut 2000 Jahre altes Universum ein, das einen fast unerschöpflichen Fundus von historischen Geschehnissen und Gegebenheiten in sich birgt. So manches davon erscheint „kurios" und vermag sogar den Historiker in Staunen zu versetzen.

Der Verfasser dieser Zeilen hat für das vorliegende Buch eine Reihe von Kuriosem aus päpstlichen Gefilden zusammengetragen. Manches davon wurde bereits in Zeitschriften und Zeitungen – wie dem „Osservatore Romano", dem „Vaticanmagazin" oder der „Tagespost" – veröffentlicht, für die vorliegende Publikation jedoch überarbeitet und erweitert. Der Autor hofft, mit den vatikanischen Kuriositäten dem Leser einen interessanten und hoffentlich nicht alltäglichen Blick in die für viele Menschen so seltsam anmutende Welt des Papstes und des Vatikans zu ermöglichen.

Ulrich Nersinger

Päpstliche Äußerlichkeiten

Des Papstes neue Kleider

„Der Papst hat den Schneider gewechselt", vermeldete im Oktober 2005 die Mailänder Tageszeitung „Corriere della Sera". Benedikt XVI. sei zu einem „Billiganbieter" gewechselt. Das Gerücht wurde von den übrigen Printmedien begierig aufgenommen – und auf den Titelseiten verbreitet. Manche Kommentatoren sprachen von einer „kleinen Revolution" im Vatikan. Das Rauschen im italienischen Blätterwald war dann sogar Radio Vatikan, dem Rundfunksender des Papstes, eine Nachricht wert.

In Deutschland präsentierte „die aktuelle" ihrer Leserschaft unter der Rubrik „Lifestyle" den „Knopflochkrieg um die Papst-Soutane". In der Zeitschrift behauptete der im Borgo Pio beheimatete Soutanenschneider Raniero Mancinelli, er habe in der Vergangenheit für Kardinal Joseph Ratzinger dessen Gewand angefertigt und zwar stets in dreifacher Ausführung; „zwei Normalgrößen und eines in einer halben Nummer größer – für den Festtagsspeck", so „die aktuelle". Im Gespräch mit dem deutschen Wochenblatt setzte Mancinelli dann noch nach: „Die Soutane von Gammarelli war jenseits aller Regeln der Nähkunst. Papst Benedetto hat sich sichtbar unwohl gefühlt. Deshalb ist er wieder zu uns gekommen und bricht mit einer alten Tradition". Annibale Gammarelli soll auf diese Anschuldigung wütend erwidert haben: „Das ist üble Nachrede. Wir arbeiten absolut akkurat mit den besten Näherinnen. Das ist Mobbing und Neid!"

Seit dem Ende des 18. Jahrhunderts schneidert Gammarelli in Rom. Ob nun seit 1790, 1792 oder 1798, darauf wollen sich die heutigen Inhaber der „Sartoria per Ecclesiatici" (Schneiderei für Geistliche) nicht so genau festlegen. „Auf jeden Fall waren wir schon unter Pius VI. (1775-1799) präsent", bekräftigt Filippo Gammarelli mit Nachdruck. Von Anfang an gehörte vornehmlich der Klerus zum Kundenstamm. Eine Monopolstellung im Dienste der Päpste dürfte Gammarelli jedoch erst im Pontifikat Pius' IX. (1846-1875) erlangt haben. Im Laufe der Zeit übernahmen Mitglieder der Schneiderfamilie dann auch Ehrendienste am Päpstlichen Hof; in den offiziellen Verzeichnissen tauchten sie als „Mazzieri" auf, als Würdenträger aus dem Laienstand, die dem Papst bei feierlichen Prozessionen das Geleit gaben.

Die Tradition, dass Gammarelli am Vorabend des Konklaves drei vollständige Papstgarnituren in den Vatikan liefert – in den Zuschnitten „klein", „mittel" und „groß" –, wurde auch im April 2005 beibehalten. Wann dieser Brauch entstanden ist, weiß auch der Lieferant der Papstroben nicht genau zu sagen, vermutlich jedoch aus Anlass des Konklaves, das zur Wahl Leos XIII. (1878-1903) führte. Wurde der Name des Papstes bekannt gegeben, konnten die Mitarbeiter von Signor Gammarelli oft sofort mit einer Maßanfertigung für den neuen Papst beginnen (20 bis 25 Stunden benötigen die Näherinnen für eine Soutane; circa vier, fünf Meter Stoff müssen verarbeitet werden). Da einst der Großteil der Kardinäle dort arbeiten ließ, reichte ein Blick auf die entsprechende Karteikarte, auf der alle notwendigen Maße akribisch vermerkt waren. Fast alle Päpste seit dem seligen Pius IX. nahmen die Dienste der Gammarellis in Anspruch. Fast alle, denn Pius XII. (1939-1958), der römischste aller Päpste, zählte nicht zu den erlauchten Kunden. Er besaß als Kardinal einen eigenen Hausschneider – und behielt ihn auch als Oberhaupt der katholischen Kirche bei. Ein wunder Punkt in der Geschichte der „Sartoria Gammarelli".

Einen besonderen Gewinn machte Gammarelli – aber auch die anderen römischen Schneider – mit einer ganz speziellen Kopfbedeckung des Papstes. Bis hinein ins Pontifikat Pius' XII. „boomte" das Geschäft mit dem weißen Pileolus, dem Scheitelkäppchen des Heiligen Vaters. Gläubige kauften einen Pileolus, nahmen ihn mit zur Audienz und überreichten ihn dem Papst. Der Heilige Vater tauschte dann den dargebotenen Pileolus gegen sein altes Scheitelkäppchen oder setzte den neuen kurz auf und gab ihn dann zurück.

Im 19. Jahrhundert war vor allem der selige Pius IX. dafür bekannt, dass er diesem Wunsch der Gläubigen nach einer päpstlichen „Reliquie" gerne und oft entsprach. Pius IX. war der letzte Papst, der sich in der Ewigen Stadt frei bewegte und auf den Straßen und Plätzen Roms in direkten Kontakt mit der Bevölkerung kam. Die Menschen nutzten diese Gelegenheit, um mit dem Tausch des Pileolus „ein Stück Papst" (Ferdinand Gregorovius) mit nach Hause zu nehmen. Aber auch Mitglieder damaliger europäischer Herrscherfamilien waren sich nicht zu schade, um eine Zusendung der traditionellen Kopfbedeckung des Pontifex zu bitten. Kaiserin Eugénie, die fromme Gemahlin Napoleons III. von Frankreich, wandte sich gleich mehrmals mit einer solchen Bitte an den Papst.

Papst Franziskus führt den alten Brauch fort, von den Gläubigen bei Audienzen ein neues Scheitelkäppchen entgegenzunehmen und ihnen im Austausch dafür das alte zu überlassen.

Seit Papst Franziskus zu den Generalaudienzen lange Fahrten durch die Reihen der Gläubigen unternimmt und das Papamobil oft anhalten lässt, ist der Tausch des päpstlichen Pileolus wieder häufiger zu beobachten. Die Schneider und liturgischen Bekleidungsgeschäfte im Borgo und rund um das Pantheon freuen sich über diese besondere Kommunikation zwischen den Gläubigen und dem Papst – und haben darin ein lukratives Geschäft entdeckt.

„Zeigt her Eure Schuhe!"

„Sorget Euch um Eure Kleidung", zitierte der Westdeutsche Rundfunk etwas verändert ein Bibelwort und strahlte am Heiligabend des Jahres 2009 eine Radiosendung über Design und Auswahl päpstlicher Gewänder aus. Die evangelische Autorin befragte für ihren Beitrag Vatikankenner, Historiker und Paramentenschneider. Über einen Mangel an Zuhörern konnte sich der Sender an diesem Tag nicht beschweren. Selbst der Podcast des 15-minütigen Features wurde ungewöhnlich häufig auf den heimischen Computer, auf ein Notebook oder den iPod heruntergeladen. Was der Papst, ja was man überhaupt in der so geheimnisumwitterten Welt des Vatikans trägt, scheint für die Öffentlichkeit von Interesse zu sein.

Besonders die roten Lederschuhe Benedikts XVI. (2005-2013) sorgten für Aufsehen und ließen die Gerüchteküche brodeln. Immer wieder stellten Zeitungen und Magazine die Frage: „Trägt der Papst Prada?" Dass die eleganten Schuhe des katholischen Kirchenoberhauptes mit der Luxusmarke eines Mailänder Modehauses gleichgesetzt werden, darüber war man im Vatikan nicht sehr glücklich. Manchmal reagierte man in der römischen Kirchenzentrale voreilig und ließ sich im religiösen Übereifer zu einer unzutreffenden Antwort hinreißen. „Natürlich stimmt dies nicht, der Banalität unserer Zeit fällt es nicht einmal auf, dass die rote Farbe einen deutlichen Bezug zum Martyrium besitzt", gab ein vatikanischer Pressevertreter zum Besten. Aber nicht nur Erwachsene blicken fasziniert auf das Schuhwerk des Papstes und wollen ihre Neugier gestillt wissen, auch das jüngere Publikum möchte informiert sein – „Warum trägt der Papst rote Schuhe? Kinderfragen an Benedikt XVI." lautet der Titel eines Buches, das eine Redakteurin der deutschsprachigen Abteilung von Radio Vatikan herausgab.

Die Antwort darauf dürfte im Rom der Antike zu finden sein. Den Senatoren und Konsuln des Imperium Romanum kam eine besondere Fußbekleidung als Standestracht zu, in nachrepublikanischer Zeit ging dieses Recht auf die Cäsaren über. Den römischen Kaisern war es vorbehalten, den Purpur zu tragen, und somit auch Schuhe von roter Farbe. Als die Kirche im 4. Jahrhundert nach langen Zeiten der Verfolgung vom Staat als Religion toleriert wurde und dann sogar eine privilegierte Stellung im Römischen Reich einnahm, wurden von ihr Kleidung und Insignien übernommen, die am kaiserlichen Hof üblich waren. Papst und Bischöfe waren nun in vielem wie der Kaiser und seine höchsten Beamten gekleidet.

Mit der steigenden Bedeutung des Papsttums reservierte sich der Bischof von Rom für seine zeremonielle Gewandung – Mantel und Schuhe – die rote Farbe. Bei Huldigungen, Obödienzakten und Audienzen gewannen die Schuhe des Papstes an Bedeutung. In Nachahmung der an den Höfen altorientalischer Potentaten gebräuchlichen Sitten wurde in Rom der Fußkuss üblich. Um aber zu zeigen, dass diese außergewöhnliche Form der Unterwerfung und Verehrung letztendlich einer höheren Autorität als ihrer eigenen zukam, ließen die Päpste an der Stelle des Schuhs, die von den Lippen berührt wurde, ein Kreuz anbringen. Erst im vergangenen Jahrhundert wurde der Fußkuss aus dem päpstlichen Zeremoniell gestrichen.

Schon sehr früh, nachweislich seit dem 5. Jahrhundert, fand eine besondere Fußbekleidung auch in der Liturgie Verwendung. Bei der festlichen Feier der heiligen Messe legten Papst, Bischöfe und Äbte die so genannten Pontifikalschuhe an. Als Jesus die zwölf Apostel, die ersten Bischöfe, aussandte, gebot er ihnen, außer einem Wanderstab nichts mitzunehmen, „keine Vorratstasche, kein Geld im Gürtel, kein zweites Hemd, und an den Füßen nur Sandalen" (Mk 6,9). In seinem Brief an die Epheser ermahnt der heilige Paulus dazu, beschuht zu sein, um die Frohe Botschaft zu verbreiten (Eph 6, 15). Das Gebet, das beim Anlegen der Pontifikalschuhe gesprochen wurde, erinnerte an diese Bibelworte: „Beschuhe, o Herr, meine Füße zur Verkündigung des Evangeliums des Friedens und beschirme mich mit dem Schirm Deiner Fittiche". Erst mit den Reformen, die auf das II. Vatikanische Konzil (1962-1965) folgten, verschwanden die Pontifikalschuhe aus dem liturgischen Leben der Kirche.

Die Schuhe, die Papst Benedikt XVI. trug, stammen größtenteils aus der Werkstatt von Adriano Stefanelli, eines bekannten Schuhdesigners aus dem norditalienischen Novara. Signor Stefanelli hatte schon Schuhe für Johannes Paul II. (1978-2005) in den Apostolischen Palast geliefert. Die Idee, Johannes Paul II. eine seiner Kreationen zu widmen, war entstanden, als er an einem Karfreitag die „Via Crucis" des Heiligen Vaters beim Kolosseum am Fernseher mitverfolgt hatte: „Es schmerzte mich zu sehen, wie der Papst beim Gehen des Kreuzweges litt. Mir kam spontan der Gedanke, ihm Erleichterung zu verschaffen, ihm besonders bequeme Schuhe zu machen, weich, elastisch und ohne störende Nähte". Berührt hat ihn – und er ist auch ein wenig stolz darauf –, dass dem 2005 verstorbenen Pontifex zur Aufbahrung die Schuhe aus Novara angelegt worden waren. Für die Schuhe, die Adriano Stefanelli in den Vatikan lieferte, hat er keine Rechnung ausgestellt: „Sono doni, nessuna spesa – Es sind Geschenke gewesen, mit keinerlei Kosten verbunden".

„Papst Franziskus ist sehr bodenständig und bescheiden. Er trägt stets schwarze statt rote Schuhe, weil er sich nicht in den Mittelpunkt stellen möchte", glaubt ein katholischer Blogger zu wissen. Doch die Verwendung schwarzer, mit Schnürsenkel fest zu bindender Schuhe hat vor allem einen praktischen Grund, der für das körperliche Wohlergehen des Papstes entscheidend ist. Der Heilige Vater benötigt orthopädisches Schuhwerk. „Es wäre besser, die Glaubensbotschaft des Papstes zu hören und darauf zu achten, statt mit sekundären Aufmerksamkeitselementen das Papsttum populär zu machen, mit Schuhen, Santa Marta ...", kommentierte Gerhard Ludwig Kardinal Müller, der ehemalige Präfekt der römischen Glaubenskongregation, den Hype um die roten Schuhe des Papstes.

Das Parfüm Seiner Heiligkeit

„Wir bitten, auf die Verwendung von Parfüm, Kosmetika und Schmuck zu verzichten", wurden die Besucher einer buddhistischen Wallfahrtstätte instruiert. Der jüdisch-christlichen Glaubenswelt ist eine solche Aufforderung fremd. Schon in der zweiten Schrift der Bibel, dem Buch Exodus, übermittelt Jahwe Mose die Rezeptur für ein Salböl, das im Heiligtum des auserwählten Volkes Verwendung finden soll (Ex 30, 22-25); und auch die Ingredienzen für ein Räucherwerk werden dem Führer der Israeliten mitgeteilt (Ex 30,34-35).

Wohlgerüche bleiben im Alten Testament aber nicht nur dem Kult vorbehalten, sie durchdringen den ganzen Lebensbereich des Menschen. So empfiehlt Noomi, die ihre verwitwete Schwiegertochter wiederverheiraten möchte, sich vor einem Besuch bei ihrem künftigen Ehemann zu salben (Ruth 3,3); das Buch Ester berichtet, dass die Frauen, die dem König für seinen Palast vorgestellt wurden, sich zuvor einer 12-monatigen Schönheitspflege unterziehen mussten – „sechs Monate mit Myrrhenöl und sechs Monate mit Balsam und anderen Schönheitsmitteln" (Est 2,12). Würde man aus dem „Hohen Lied", dem „Lied der Lieder", die Erwähnung von Aromen und Salbölen tilgen, fiele es kurz aus und wäre für den Leser kaum noch verständlich.

Das Neue Testament steht in der Tradition zum Alten Testament – auch in dieser Hinsicht. Zur Begrüßung eines Gastes war es üblich, ihm als Zeichen der Wertschätzung auf die Stirn

Salböl aufzutragen. Im Evangelium des Lukas verwendet eine Sünderin wohlriechendes Öl, um Jesus die Füße zu salben und ihn um Vergebung ihrer Schuld zu bitten (Lk 7,36-49). Beim jüdischen Begräbnis war es üblich, den Leichnam mit Wohlgerüchen beizusetzen; Nikodemus stiftete für die Beisetzung Jesu „eine Mischung aus Myrrhe und Aloe, etwa hundert Pfund" (Joh 19,39-40). Aromen und Ölen verbleiben in der Bibel nie bei einer rein praktischen Anwendung, ihnen kommt immer auch eine höhere, endzeitliche Deutung zu. Der Gemeinde von Korinth schrieb der hl. Paulus: „Dank sei Gott, der uns stets im Siegeszug Christi mitführt und durch uns den Duft der Erkenntnis Christi an allen Orten verbreitet. Denn wir sind Christi Wohlgeruch für Gott unter denen, die gerettet werden, wie unter denen, die verloren gehen" (2 Kor 2, 14-15).

Der Völkerapostel wird jedoch kaum geahnt haben, dass an dem Ort seines Martyriums und seiner irdischen Ruhe Aromen eine bedeutsame Rolle spielten und spielen. Tre Fontane, die Hinrichtungsstätte des hl. Paulus vor den Toren Roms, galt noch bis in die erste Hälfte des 20. Jahrhunderts als Malariagebiet. In den damaligen Zeiten waren die ätherischen Öle des dort wachsenden Eukalyptus der wirksamste Schutz vor der oft tödlichen Seuche. An der Grabeskirche des Apostels bei der Via Ostiense wirken seit Jahrhunderten Mönche. Sie tragen dort aber nicht nur für die seelische Gesundheit der ihnen anvertrauten Gläubigen Sorge, sondern auch für deren leibliches Wohlergehen. Das Kloster verfügte schon in frühster Zeit über eine Apotheke. Aber nicht nur Medizin konnte dort erworben werden; Kräutermischungen, Öle und Salben zur Körperpflege wurden und werden dort verkauft. Über Jahrhunderte besaßen die klösterlichen Gemeinschaften beinahe ein

Monopol über diesen Wirtschaftszweig. In Abteien und Konventen werden auch heute noch Kräuter gesammelt und aus ihnen hochwertige Essenzen gewonnen, die für die Zusammenstellung von Arzneien und Kosmetika nötig sind. Im bayerischen Kloster Ettal hat ein neu kreiertes Parfüm in Anspielung auf den 2. Korintherbrief die Bezeichnung „Bonus Odor" erhalten – es ist „ein frischer und sportlicher Duft für den Herrn, elegant und nicht schwer; es unterstreicht dezent die Persönlichkeit und Individualität des Trägers". Die bibelfesten Mönche werden bei ihrer Kreation vielleicht auch durch den Betrug des Jakob an seinem Bruder Esau inspiriert und gewarnt worden sein: „Isaak roch den Duft seiner Kleider, er segnete ihn und sagte: Ja, mein Sohn duftet wie das Feld, das der Herr gesegnet hat" (1 Gen 27,27).

Als Geheimtipp für ein „kirchliches" Parfüm gilt jedoch ein „päpstlicher" Duft: „The Pope's Cologne". Er wird jedoch nicht in einer klösterlichen Gemeinschaft gefertigt, sondern von katholischer Laienhand. Vor einigen Jahren wiederbelebte ein amerikanischer Arzt ein Aftershave, dessen Gebrauch Pius IX. (1846-1878) nachgesagt wird. Dr. Fred Hass aus San Rafael in Kalifornien fand in einem Rezept- und Kochverzeichnis der Familie De Charette die entsprechende Rezeptur. Das in der Vendée beheimatete französische Adelsgeschlecht galt als besonders kirchen- und papsttreu. Im 19. Jahrhundert dienten zahlreiche Mitglieder der Familie in der päpstlichen Armee. Mit dem berühmten Zuaven-Oberstleutnant Athanase de Charette war Pius IX. auch persönlich befreundet. Ihm soll er die Zusammensetzung seines Rasierwassers anvertraut haben. Da der Papst als leutselig galt, lässt sich diese Behauptung nicht ohne weiteres von der Hand weisen – aber auch nicht zwingend beweisen. Wie sich die Rezeptur genau zusammensetzt, will Fred Hass nicht verraten: elf Ingredienzien seien es, darunter Orangenblüten, Zitronenmelisse, Lavendel, Veilchen und Nelken.

Erste Experimente hatte Hass gemeinsam mit seiner Frau Miriam in der heimischen Küche unternommen. Für den bekennenden Katholiken war dies „eine ganz besondere Art des Erlebens von Kirchengeschichte". Vom Gelingen seiner Experimente aber war er dann doch überrascht. Das Produkt wurde zunächst im Freundes- und Bekanntenkreis erprobt und stieß auf begeisterte Zustimmung. Als sich katholische Andenkenläden und amerikanische Parfümerien immer mehr für „The Pope's Cologne" zu interessieren begannen, gründete der Arzt sogar einen eigenen Vertrieb. Viele Bestellungen kommen aus Übersee, auch aus Rom und dem Vatikan. Auf die Frage, wer denn zu den Beziehern aus dem Kirchenstaat gehöre, gibt Dr. Hass keine Antwort. Lächelnd empfiehlt er, bei Besuchen in der Ewigen Stadt auf „einen frischen, mit Noten von Zitrusfrüchten und Lavendel durchsetzten, aber dennoch unaufdringlichen Duft" zu achten.

Der geschäftstüchtige Arzt hat – Pontifikat für Pontifikat – sein „Sortiment" erweitert. Er kreierte zu Ehren des deutschen Papstes das Aftershave „Benedictus" und schon kurze Zeit nach der Wahl seines Nachfolgers das entsprechende „Francis".

„Heiligkeit, bitte lächeln!"

Es gibt kein anderes Kirchen- oder Staatsoberhaupt, das so oft fotografiert wird wie der Papst. Jeder öffentliche Auftritt des Pontifex wird auf Zelluloid oder Speicherkarte festgehalten. Bei den Gottesdiensten, Audienzen und Reisen des Papstes kommen Kameras jeglicher Art zum Einsatz: die hochwertigen Apparate der Pressevertreter ebenso wie die Digitalkameras begeisterter Hobbyfotografen, und nicht zu vergessen die omnipräsenten Handys mit integrierter Aufnahmefunktion. Bei manchen Zeremonien scheuen nicht einmal Bischöfe und Prälaten den Griff zum mitgebrachten Fotoapparat.

Paul VI. (1963-1978) beklagte sich im Kreis seiner engsten Mitarbeiter oft über das gnadenlose Blitzlichtgewitter, dem er ausgesetzt war, wenn er sich zu Fuß oder auf dem Tragsessel nach Sankt Peter oder in die Audienzhalle des Vatikans begab. Doch keinen Augenblick hätte der Papst daran gedacht, ein Fotografierverbot auszusprechen. Wie seine Vorgänger und Nachfolger wusste er um die Bedeutung dieses Mediums, das die Nachfolger Petri von dessen Erfindung an für sich und ihr Apostolat nutzten, dem sie immer aufgeschlossen und wohlwollend gegenüber standen. Leo XIII. (1878-1903) widmete der „ars photographica" sogar ein vom ihm selbst verfasstes Gedicht:

> „Vom Sonnenspiegel hingehaucht
> Erscheint ein glänzend Bild, wie schön
> Strahlt es die Stirn, das Augenlicht

des Mundes Anmut hold zurück!

O wunderbare Geistesmacht!

Ein neu Gebilde der Natur,

Wie's selbst Apelles Meisterhand,

Es schöner nicht hervorgebracht!"

Die Fotografie war für die katholische Kirche von Anfang von Interesse und wurde von ihr gefördert. Schon 1842 berichtete der römische Volksdichter Giuseppe Gioacchino Belli in einem Brief: „Während der Feiern anlässlich der Berufung des Hochwürdigsten Herrn Tizzani zum Generalprokurator der Lateranensischen Chorherren wurde die Gesellschaft, die am festlichen Bankett teilgenommen hatte, im Kloster von San Pietro in Vincoli von Herrn Chimenti, Professor für Chemie, in ,daguerretype' photographiert." Drei Jahre später, im Oktober 1845, besuchte Papst Gregor XVI. (1831-1846) das Collegio dei Nobili in Tivoli. Der zu Unrecht als fortschrittsfeindlich gescholtene Pontifex ließ sich in dem von Jesuiten geführten Institut eingehend über das neue Medium informieren. Er bat sogar darum, dass man ihm die seltsamen Apparaturen vorführe. Den Papst bei diesem Anlass auf eine Fotoplatte zu bannen, wagte man aber vermutlich noch nicht – zumindest geben die Aufzeichnungen des Kollegs darüber keine Auskunft.

Der selige Pius IX. (1846-1878) stand dann schon recht häufig vor einer Kamera, und nicht nur im Vatikan selber. Aufnahmen zeigen den Papst in Rom, Ostia, Anzio und Velletri, bei der Einweihung einer Brücke über den Tiber, dem Besuch von Ausgrabungen und einer Eisenbahnfahrt in die Umgebung der Ewigen Stadt. Bis zum heutigen Tag haben sich die Päpste ohne Scheu auf Zelluloid bannen lassen. Sogar für die Aufbahrung auf dem Totenbett gaben sie seit Pius IX. im vorhinein die Erlaubnis. Dass Kameras sie bei Liturgien und Zeremonien begleiteten, hat sie nie gestört. Im Gegenteil, die Präsenz in Bildern empfand man durchaus als eine Form des Apostolates, als ein zeitgemäßes Mittel der Verkündigung des Glaubens.

Dennoch mussten auch die Päpste negative Erfahrungen mit der Fotografie machen. 1958 hatte der päpstliche Leibarzt Dr. Riccardo Galeazzi-Lisi mit einer versteckten Kamera den sterbenden Pontifex aufgenommen und die Bilder meistbietend an die Sensationspresse verhökert. Im Pontifikat Johannes Pauls II. (1978-2005) klettern Paparazzi über die Mauern der päpstlichen Sommerresidenz in Castel Gandolfo und versuchten, den Papst in seinem dortigen Schwimmbad abzulichten. Kritik musste sich auch die mediale Darstellung des schwerkranken Johannes Pauls II. gefallen lassen; viele sahen hier eine unsichtbare Grenze überschritten.

Über ein halbes Jahrhundert hat Arturo Mari als Fotograf die römischen Oberhirten mit der Kamera begleitet. Mari galt als vatikanisches Urgestein. Als 16-Jähriger hatte er 1956 beim päpstlichen Hof-Fotografen Giordani seine erste Anstellung gefunden. Als Mitte der siebziger Jahre der begehrte Titel eines „Päpstlichen Hof-Fotografen" abgeschafft wurde und die beiden Titelinhaber Felici und Giordani ihr Monopol verloren, wechselte Mari zum „Servizio fotografico" (Fotodienst) des „Osservatore Romano", dessen Leitung er Jahre später übernahm. Als Arturo Mari bei einem Interview mit der Vatikanzeitung gefragt wurde, wie viele Bilder er von Papst Johannes Paul II. gemacht habe, antwortete er: „Millionen".

Ein besonderes Erlebnis war für Mari die Reise des Papstes nach Argentinien. Er erinnerte sich: „Am letzten Tag hatte ich keine Filme mehr. Ich bat den Nuntius, Monsignore Calabresi, um Hilfe, der mir in Buenos Aires hundert neue Filme besorgte. Bei der Rückkehr nach Rom wurde mir bewusst, dass ich allein auf dieser Reise 35.000 Fotos geschossen hatte". Mit seinen Bildern wollte der Fotograf vor allem das Charisma des Papstes darstellen: „Ich versuche in der Praxis zu übermitteln, wer der Papst ist ... Der Papst hat für einen Gläubigen und auch für mich eine außergewöhnliche Bedeutung. Ich denke, indem ich ihn fotografiere, muss ich das Bild machen, das dies am besten ausdrückt. Ein Bild, das ich nicht erfinden darf, sondern dass ich in der Realität finden muss."

Die Fotogeschichte der Päpste ist heute für jedermann einsehbar. Das Fotoarchiv des „Osservatore Romano" präsentiert sich zu einem Großteil im Internet (www.photo.va); es bietet auch Einblick in den Fundus des ehemaligen päpstlichen Hof-Fotografen Giordani. Ebenso hat der einstige Hof-Fotograf Felici seine Bilder ins Internet gestellt (www.fotografiafelici.com); sein Archiv umfasst Aufnahmen aus den Jahren 1863 bis 2007.

Päpstliche Vergnügungen

Von Spielen, Hobbys und anderen Leidenschaften

Auch Päpste waren sich nicht für die aktive oder passive Teilnahme an Spielen und dem Nachgehen entspannender Vergnügungen – soweit sie moralisch vertretbar waren – nicht zu schade. Sie alle aufzuzählen und darzulegen, würde die Herausgabe mehrerer Bücher erfordern. Ein Streifzug muss genügen, um die abwechslungsreiche Welt päpstlicher Leidenschaften ein wenig zu illustrieren.

Die traditionellen römischen Karnevalsfeste und -spiele knüpften an die Antike an. Ihre Wurzeln gingen mehr als zweieinhalbtausend Jahre in die Geschichte der Ewigen Stadt zurück. Zu den beliebtesten Vergnügungen gehörten die „corsi" (Rennen), zu denen Tier und Mensch antraten. Sie gingen auf die „equirria", die Pferdewettläufe des Altertums, zurück, die Romulus zu Ehren des Kriegsgottes Mars eingesetzt haben soll. Die Läufe fanden überall in Rom statt, bis ihnen Papst Paul II. (1467-1471) eine Straße zuwies, die von den „corsi" ihren Namen erhielt: Via del Corso. In dem aus Venedig stammenden Paul II. hatte der römische Karneval seinen wohl größten Förderer gefunden.

Von seinem Palast auf der Piazza Venezia aus nahm der Heilige Vater als aufmerksamer Zuschauer an den Festlichkeiten teil. Jedes Jahr zum Abschluss des Karnevals gab Paul II. für die Beamten und das Volk von Rom in den Gärten von San Marco ein aufwändiges Bankett. Ein Biograph des Papstes gab an, dass man bei diesem Festmahl sich „manchmal an den erlesensten Fischen erfreute, bisweilen aber auch an exquisiten und besten Fleischarten. Ausgesuchte Weine verschiedenster Sorte, weiße und rote, wurden gereicht". Zu diesen Mählern waren Arme und Reiche gleichermaßen geladen.

Päpste der Renaissance versuchten sich als Dichter und Musiker – und waren nicht selten in ihrem Metier erfolgreich. Pius II. (1458-1464) war wegen seiner Dichtkunst berühmt. Drei Jahre vor seiner Priesterweihe hatte ihn Kaiser Friedrich III. zum Dichter gekrönt. Auch nach seiner Wahl zum Nachfolger Petri widmete er sich der Poesie, verzichtete jedoch auf das Verfassen von Liebesgedichten.

Papst Leo X. (1513-1521) wurde seine Jagdleidenschaft vorgeworfen, nicht zuletzt von Martin Luther und den Reformatoren. Doch bei genauerem Hinschauen ist es geboten, diese Vorwürfe zu relativieren. Ein wilder und erfolgreicher Jagdritt war Leo X. nicht möglich. Körperliche Unzulänglichkeiten hinderten ihn daran, denn schon geringe Anstrengungen riefen beim Papst heftige Schweißausbrüche hervor. Die Dienerschaft führte, wann immer Leo sich über sein normales Maß bewegte, eine Unmenge von „fazzoletti – Taschentüchern" mit sich. „Ohne sie wäre der Papst ertrunken", verriet sein Zeremonienmeister Pietro De Grassi. Auch um die Sehkraft Seiner Heiligkeit hatte es nicht gut gestanden. Antonio de Beatia schrieb am 1. Mai 1518 vom päpstlichen Jagdschloss Magliana aus an die Markgräfin Isabella von Mantua: „Hier tötete er einen überaus großen Hirsch, den man zuvor in Netzen gefangen hatte; der Papst näherte sich ihm zu Fuß, in der einen Hand den Speer, in der anderen die Augengläser".

Pius VII. (1800-1823) weilte oft in seiner Sommerresidenz

Castel Gandolfo. Der Papst ließ den während der Franzosenzeit vernachlässigten und verwahrlosten Besitz wiederherstellen. Die Residenz in den Albaner Bergen verfügte über eine Räumlichkeit, die man dort nicht vermutet hätte: ein Billardzimmer. Massimo D'Azeglio erwähnt in seinen „Erinnerungen", dass sein Vater ihn als Jungen nach Castel Gandolfo mitnahm, wo er die Ehre hatte, mit Pius VII. eine Partie Billard zu spielen. „Ich erinnere mich sehr gut", schreibt er, „an das lang herabfallende Haupthaar, das sich dunkel von dem weißen Käppchen und dem weißen Gewand abhob".

Leo XIII. (1878-1903) war in seiner „Freizeit" nicht nur ein gefeierter Verfasser lateinischer Gedichte; jegliche Lektüre in der Sprache Ciceros diente ihm zur Muße. Der greise Pontifex litt an chronischer Schlaflosigkeit. Und so arbeitete der Papst oft bis spät in die Nacht hinein. Seine Mitarbeiter waren dies gewohnt. Manchmal wurde es sogar Mitternacht. An einem der Karnevalstage saß der Heilige Vater in seiner Bibliothek mit dem Sekretär der Lateinischen Breven* zusammen und diktierte ihm aus dem Kopf heraus elegant formulierte Schreiben. Der Prälat zeigte jedoch deutliche Anzeichen der Ermüdung und sehnte sich nach nichts anderem als der wohlverdienten Bettruhe. Dann kam er auf die Idee, den Papst mit einem Hinweis auf den Karneval zu einem Ende der Arbeitsaudienz zu bewegen. „Sie haben Recht, Monsignore", stimmte Leo XIII. dem Sekretär bei. Der greise Pontifex erhob sich, ging zu einem Bücherschrank und entnahm ihm ein abgegriffenes Heft. Dann kehrte er zu seinem Schreibtisch zurück, setzte sich und schlug die vergilbten Seiten mit leuchtenden Augen auf:

---

* Kurzes Schreiben

„Also gut, amüsieren wir uns ein wenig mit den Komödien des Plautus!"

Was wohl manchen verwundert: die Päpste besaßen schon früh eine Leidenschaft für moderne, motorisierte Fortbewegungsmittel auf vier Rädern. Sie wussten sich sogar bei Autopannen zu behelfen. Als Papst Pius XI. (1922-1939) erstmals nach dem Abschluss der Lateranverträge nach Castel Gandolfo in den Albaner Bergen fuhr, geschah das Unvermeidliche. Der päpstliche Wagen wurde auf der Via Appia Nuova von einer Reifenpanne heimgesucht. Der Papst stieg aus dem Wagen aus und schaute interessiert dem Wechsel der Reifen zu. Doch es sollte beim Zuschauen nicht bleiben, wie der damalige Privatsekretär des Heiligen Vaters und spätere Dekan des Kardinalskollegiums, Carlo Confalonieri, berichtete. Pius XI. habe seinem Chauffeur, dem Cavaliere Politi, immer wieder Ratschläge gegeben, die sich sogar als äußerst hilfreich erwiesen.

Pius XII. (1939-1958) zeigte bei der Übergabe neuer Autos für den päpstlichen Fuhrpark ein großes Interesse an den technischen Details der Automobile. Der Papst verblüffte so manchen Repräsentanten eines Automobilunternehmens mit genauer Kenntnis der aktuellen Entwicklungen; er war bei solchen Gelegenheiten für seine Fragen gefürchtet – er erkundigte sich, wie hoch die Drehzahl der Motoren sei oder wie lange eine Benzinfüllung ausreiche. Papst Paul VI. (1963-1978) war wie die beiden Pius-Päpste an Automobilen sehr interessiert. Bei der Lektüre von Zeitungen und Magazinen achtete er auf Artikel, die über neue Modelle oder technische Errungenschaften der Autobranche berichteten. Vor allem für die Produkte eines Stuttgarter Werkes verwendete er viel Aufmerksamkeit. Zur Freude der Werbestrategen des Automobilherstellers spendete er bei einer Audienz und der Übergabe eines Autogeschenks ein großes Lob: „Der Name Mercedes ist zu einem Begriff geworden in der ganzen Welt für deutschen Fleiß und deutsche Tüchtigkeit. Darum wissen Wir Ihre heutige Gabe um so mehr zu schätzen".

Johannes Paul II. (1978-2005) verspürte als Papst „ein wenig ‚Nostalgie' nach einer Vergangenheit, die von größeren Freiheiten und weniger Zwängen des Protokolls gekennzeichnet war", so Stanislaw Dziwisz. Der Sekretär des Papstes gestand ein, dass in der Anfangszeit des Pontifikates „der Heilige Vater einige Schwierigkeiten hatte, sich daran zu gewöhnen, nicht so sehr, dass er im Vatikan ‚eingeschlossen' war, sondern dass er dort für lange Zeiten bleiben musste". Die engere Umgebung des Papstes versuchte, dem durch Ausflüge außerhalb Roms, vor allem ins Gebirge, entgegen zu wirken. Der päpstliche Privatsekretär verriet später: „Es hat über 100 solcher ‚Expeditionen' gegeben, meist in die Abruzzen." Im Vatikan war die Angst groß, dass die Öffentlichkeit erfuhr, dass der Papst zum Skilaufen fuhr und dass man ihn auf Skipisten treffen konnte.

Auch in seiner Sommerresidenz in den Albaner Bergen ging der Papst sportlichen Aktivitäten nach. Erzbischof Jacques Martin, der damalige Präfekt des Päpstlichen Hauses, schrieb 1981 in seinen Erinnerungen nieder: „Seit dem 15. August weilt der Papst zur Genesung in Castel Gandolfo. Jeden Tag, am Ende des Vormittags, geht er schwimmen. Entgegen gewisser boshafter Behauptungen besitzt das Schwimmbad sehr bescheidene Ausmaße und hat nichts gekostet, es wurde zur Gänze von Polen aus Amerika bezahlt." Der Papst selber trat Vorwürfen mit der Feststellung entgegen: „Ein neues Konklave wird Euch mehr kosten!"

Im Juli 2009 hatte Papst Benedikt XVI. einen Teil seines Sommerurlaubes im norditalienischen Aosta-Tal verbracht. Bei einem Sturz in seinem Ferienhaus verletzte sich der Pontifex, im Badezimmer des Chalets brach er sich das rechte Handgelenk. Nach einer Operation im Krankenhaus „Umberto Parini" versicherte ihm Manuel Mancini, der Chirurg und Chefarzt der Orthopädie des Hospitals, dass er nach der Genesung wieder problemlos schreiben und Klavier spielen könne. Doch für einige Wochen musste Benedikt XVI. auf eines seiner wenigen Hobbys verzichten, auf das Vergnügen sich am Flügel mit der Musik eines Wolfgang Amadeus Mozart vom arbeitsreichen Alltag zu entspannen und neue Kraft zu schöpfen.

Auf dem Rücken der Pferde

Jahr für Jahr verfolgen zigtausende begeisterte Anhänger des Pferdesports in der Kaiserstadt Aachen live oder am Fernseher das „Weltfest des Pferdesports". Dereinst waren auch bei den Päpsten Wettkämpfe hoch zu Ross angesagt. Der größte Innenhof des Vatikans, der „Cortile del Belvedere", bot sich vor rund 400 Jahren als grandiose Kulisse für Reitturniere an. Alte Stiche, die in der Apostolischen Bibliothek sorgsam verwahrt werden, geben einen faszinierenden Eindruck dieser „spettacoli" im Schatten von Sankt Peter. Heute ist der Belvederehof zum Parkplatz verkommen. Der Blick vom Borgiaturm, von dem die Päpste einst dem Treiben durchtrainierter Rösser zuschauten, offenbart in unseren Tagen nur noch das verzweifelte Bemühen römischer Monsignori und Ordensschwestern, ihren Fiat Uno mit gewagten Manövern in eine enge Parklücke zu bringen.

In der Vergangenheit gehörten Pferde zum Alltag der Päpste. Sie waren nicht nur als Transportmittel gefragt, sondern sie nahmen zudem im Zeremoniell eine bedeutende Rolle ein – so bei der feierlichen Reiterprozession zur Besitzergreifung der Bischofskirche und des Palastes des Papstes beim Lateran. Das päpstliche Pferd sollte möglichst „candissimus", ein „weißgeborenes", d. h. ein Albino sein. Das Reiten auf einem weißen Pferd war in der Ewigen Stadt allein dem Papst vorbehalten, nur in ganz seltenen Fällen wurde es Personen als Privileg oder besondere Auszeichnung zugestanden, so als der Papst dem römischen Fürsten und Befehlshaber seiner Flotte, Don Marcantonio Colonna, nach dem Sieg bei der Seeschlacht von Lepanto (1571) einen Triumphzug gewährte.

Das Pferd, das der Papst beim Ritt nach der Krönung und zum Possess des Laterans benutzt hatte, verfügte nach allgemeiner Auffassung über eine „Aura", „die es in den magischen Bereich von Berührungsreliquien rückt" (Jörg Traeger). Gregor der Große teilt in seinen „Dialogen" mit, dass das Pferd, das Johannes I. 525 in Korinth leihweise zur Verfügung gestellt worden war, nach der Rückgabe an den Besitzer keinen anderen Reiter mehr duldete. Seither gab es den Brauch, dass päpstliche Pferde nur von Päpsten geritten wurden. Nach dem Tod eines solchen Rosses wurde dessen Haut wie eine Reliquie in den „Scuderie Pontificie", den päpstlichen Stallungen, aufbewahrt.

Bis zum Anfang des 20. Jahrhunderts verfügte die Päpstliche Nobelgarde, die aristokratische Leibwache des Heiligen Vaters, noch über ein gewisses Kontingent von Reittieren. Am 28. März 1905, bei der Einweihung der Lourdesgrotte in den Vatikanischen Gärten, trat zum letzten Mal ein Pikett der Nobelgarde als Reitereskorte des Pontifex in Erscheinung. Der Pferdestall und die kleine Reithalle des Korps wurden sodann abgerissen. Das gleiche Schicksal ereilte zwei Jahrzehnte später den päpstlichen Marstall, als die Kutschen des Papstes durch Automobile ersetzt wurden. Von den Reitställen im Vatikan blieben nicht einmal die Fundamente erhalten. An die berittene Zeit am Päpstlichen Hof sollte viele Jahrzehnte später ein hoher ausländischer Gast erinnern.

Königin Elisabeth II. kam 1961 zu einem offiziellen Staatsbesuch in den Vatikan. Der Besuch der Monarchin am 5. Mai

1961 blieb den Protokollbeamten noch lange im Gedächtnis. Ansonsten für ihre Korrektheit und Pünktlichkeit bekannt, hatte die Queen für eine Verzögerung im Zeremoniell gesorgt. Bevor sie die Bibliothek des Papstes erreichte, wurden ihr in einem Saal die Kommandanten der damaligen Palastgarden vorgestellt. Mit Fürst Don Mario del Drago, der die Päpstliche Nobelgarde befehligte, unterhielt sie sich ungewöhnlich lange. Mit geschultem Blick hatte sie entdeckt, dass die adeligen Leibwächter des Heiligen Vaters an ihren Stiefeln Sporen trugen. Und so hatte die königliche Pferdeliebhaberin ihr Thema und brachte das Protokoll ein wenig, aber doch merklich in Verzögerung.

Die Erinnerung an eine Zeit der Pferde wird in den Vatikanischen Museen, im „Padiglione delle Carrozze", dem päpstlichen Kutschenmuseum, 1967 von Papst Paul VI. begründet, wachgehalten. Staunend steht man vor dem prachtvoll verzierten Galasattel des Bannerträgers der Heiligen Römischen Kirche, um die nicht weniger aufwändig geschmückte Satteldecken von Offizieren der Päpstlichen Nobelgarde und verschiedener berittener Regimenter der 1870 aufgelösten Armee des Kirchenstaates gruppiert sind.

Prachtstücke des Museums sind zwei imponierende Galakutschen: die 1826 von Papst Leo XII. angeschaffte „Berlina di Gran Gala" und die Kutsche des Kardinals Lucien Bonaparte, die Kaiser Napoleon III. seinem Cousin zu dessen Kardinalserhebung im Jahre 1868 schenkte. Zu sehen ist dort auch der Landauer, mit dem Papst Pius IX. im November 1848 beim Ausbruch der Revolution im Kirchenstaat unter abenteuerlichen Umständen nach Gaeta ins Königreich Neapel fliehen musste.

Wer den „Cortile di San Damaso" (Damasushof) im Apostolischen Palast aufsucht, kann heute immer noch ein Relikt des alten Kirchenstaates, der Zeit vor dem 20. September 1870, entdecken. Ein Eisenring im dortigen Mauerwerk kündet davon, dass sich hier die Stelle befand, an der päpstliche Dragoner ihre Pferde anzubinden pflegten. Zwei Reiter dieser Kavallerieeinheit der Armee des Heiligen Vaters standen dort ständig bereit, um als Kuriere wichtige Nachrichten oder Audienzeinladungen des Papstes zu überbringen. „Regelmäßig müssen wir die Verwaltung des Palastes daran erinnern, dass bei Renovierungsarbeiten der Haken nicht gedankenlos entfernt wird, was schon einmal geschah", verrät ein römischer Historiker.

Der letzte Papst, der sich auf ein Ross geschwungen hatte, war Pius XII. (1939-1958) gewesen. „Einen Sport hatte er außer Schwimmen in seinen römischen Jugendjahren sehr geliebt: das Reiten. Durch einen glücklichen Zufall wurde es ihm – zwar nur sehr selten – möglich, in Eberswalde [als Eugenio Pacelli noch Apostolischer Nuntius im Deutschen Reich war] auf einem herrlichen Pferde die Wälder zu durchstreifen. Deutlich erinnere ich mich an Nuntius Pacelli im Reitanzug, der ihm ganz vortrefflich stand. In Berlin war es auch, wo man ihm ein Sportgerät, ein elektrisches Pferd, schenkte, das alle Bewegungen eines galoppierenden Pferdes machte. Doch hat er es als Kardinalstaatssekretär sowie als Papst wohl keine zehnmal benützt, nicht weil es ihm nicht gefallen hätte, sondern weil ihm die Zeit fehlte", schrieb Mutter Pascalina Lehnert, die langjährige Haushälterin des Papstes, in ihren Erinnerungen.

Eine Nachfrage bei der „Floreria", dem Möbelmagazin des Vatikans, ob sie das „elektrische Pferd" Pius' XII. hütet, führt zu einem Schulterzucken bei den Verantwortlichen. „Es könnte hier sein, aber auch nicht", lautet die wenig hilfreiche Auskunft, denn noch sind nicht alle Bestände der Magazine in ihren elektronischen Datenbanken erfasst.

Ein Pferderelikt des Vatikans ist allen Bewohner und Besuchern Roms frei zugänglich – wird aber in der Regel nicht als ein solches erkannt. Nur wenige Schritte vom Palast der Glaubenskongregation entfernt befindet sich bei der Via di Porta Cavalleggeri eine viel frequentierte Haltestelle der römischen Verkehrsbetriebe. An der wehrhaften Mauer des Vatikans bietet ein Brunnen dem Buspublikum willkommene Erfrischung.

In unmittelbarer Nähe standen hier bis vor zweihundert Jahren Kaserne und Reitstall der Leibgarde des Papstes – der Name der Straße erinnert noch heute daran. Übriggeblieben ist nur der besagte Brunnen. Ihn, so verrät eine lateinische Inschrift, ließ Papst Pius IV. (1560-1565) zum öffentlichen Nutzen und zur Zweckmäßigkeit der berittenen Leibgarde errichten:

„AQUAM UTILITATI PUBLICAE
ET COMMODITATI EQUITUM CUSTODIAE".

In unseren Tagen steht er noch immer in Diensten, jedoch mit dem Vorteil, dass ihn sich Mensch und Tier nicht mehr teilen müssen.

Mit dem Lorbeerkranz bekrönt

Am Vorabend des Weihnachtsfestes 1824 gab Papst Leo XII. mit drei Hammerschlägen das Zeichen zur Öffnung der Heiligen Pforte von Sankt Peter. Bei den Feierlichkeiten zum Beginn des Jubeljahres 1825 trat ein 14-jähriger Alumne des Collegio Romano auf. Der Zögling dieser berühmten Bildungsstätte der Ewigen Stadt trug in Anwesenheit des Papstes im Belvederehof des Apostolischen Palastes ein von ihm selbst verfasstes lateinisches Gedicht über die Heilige Pforte vor.

Der Jugendliche war kein Geringerer als Vincenzo Gioacchino Pecci aus Carpineto Romano (Latium), der 1878 als Leo XIII. den Stuhl des heiligen Petrus besteigen sollte. Der Text des Gedichtes ist der Nachwelt nicht erhalten geblieben; doch er muss zumindest bei einem Zuhörer einen tiefen Eindruck hinterlassen haben. Der Papst rief den jungen Pecci zu sich, erhob sich entgegen dem Zeremoniell von seinem Thron und gratulierte dem Alumnen überschwänglich in lateinischer Sprache zu seinem Gedicht. Als weitere Anerkennung ließ er ihm eine silberne Pontifikatsmedaille zukommen.

75 Jahre später, zum Heiligen Jahr 1900, verfasste Papst Leo XIII. ein „Carmen saeculare", ein „Jahrhundert-Gedicht". Er widmete es „Jesus Christus, dem Schutzherrn des neuen Jahrhunderts":

„Denn Er, euer Leben, die Wahrheit allein,

Die Pforte des Himmels, die wahre,

Kann wenden allein euch Kindern des Staubs

Zum Heile die fliehenden Jahre."

In seinem Gedicht nimmt er direkten Bezug auf die Feier des Jubeljahres:

„Die Tore der Gnaden als Papst ich erschloss
In Christi hochheiligem Namen!
O Wunder! Vom äußersten Ende der Welt
In festlichem Zuge sie kamen,
Von Hirten geführet, die Gläubigen all,
Nach Gnaden verlangend, zu neigen
Vor Petri Grab im Gebete das Haupt,
Des Glaubens Begeist'rung zu zeigen."

Vincenzo Gioacchino Pecci, geboren 1810, begann im Alter von acht Jahren mit seinen Gymnasialstudien im Kolleg der Jesuiten in Viterbo. Er fiel durch seine hohe Begabung und seinen enormen Fleiß auf. Schon sehr früh verfasste er Gedichte in italienischer und lateinischer Sprache. Am Tage seiner ersten heiligen Kommunion, am 21. Juni 1821, schuf er als 11-Jähriger in den Worten der römischen Antike das Sonett „Vor dem Bilde des heiligen Aloysius". Nach seinen philosophischen und theologischen Studien, die er mit dem Erwerb des theologischen Doktorgrades abschloss, trat er 1832 in die päpstliche Diplomatenakademie ein. Während der Studienzeit in Rom gehörte Pecci der 1690 gegründeten „Gesellschaft der Arkadier", einer Vereinigung zur Pflege der Poesie, an.

1835 erwarb er das Doktorat beider Rechte und wurde 1837 von Kardinal Carlo Odescalchi, dem Vikar des Heiligen Vaters für das Bistum Rom, zum Priester geweiht. In den folgenden Jahren versah er das Amt eines päpstlichen Delegaten (Gouverneuer) in Benevent und Perugia. 1843 ernannte ihn Papst Gregor XVI. zum Titularerzbischof von Tamiathis und sandte ihn als Apostolischen Nuntius nach Belgien. Von 1846 bis 1878 stand er der Diözese Perugia als ihr Oberhirte vor. Im Dezember 1853 wurde er von Pius IX. zum Kardinal kreiert und erhielt als Titelkirche San Crisogono zugewiesen. 1877 erfolgte die Ernennung zum Camerlengo (Kämmerer) der Heiligen Römischen Kirche. Am 20. Februar 1878 wählten ihn die Kardinäle in einem nur zweitägigen Konklave zum Nachfolger Pius' IX.

Zeit seines Lebens – bis zu seinem Tode im Jahre 1903 – blieb er als Priester, Bischof, Kardinal und Papst dem Dichten treu. Seine Gedichte „sind geschrieben in elegantem Latein, gefällig und geschmeidig in Versbau und Sprache, reich an hohen, zum Teil originellen Gedanken", so Joseph Bach, der Herausgeber der Gesamtausgabe in lateinischer Sprache. Eine erste, vollständige Übersetzung ins Deutsche besorgte der Straßburger Gymnasialprofessor Dr. Bernhard Barth im Jahre 1904. „Ein eigenartiger Zauber, ein verlockender Liebreiz ist über seine poetischen Produkte ausgebreitet, eine gewinnende und anheimelnde Gefühlswärme strahlt aus denselben, die immer mehr den Leser entzückt und fesselt, je mehr er sie liest", lautete eine zeitgenössische Einschätzung des literarischen Werkes.

Die Gedichte des Papstes verblüffen durch ihre Themenvielfalt, sie berühren das menschliche Leben in all seinen Facetten. Leo XIII. widmete sich in ihnen der Familie, seinen Freunden und Bekannten. Die Bedeutung der Poesie stellt er als Arkadier seinen Mitmenschen vor. Technischen Errungenschaften, wie dem Bau der Wasserleitung in Perugia und der Kunst des Fotografierens, singt er das Lob. Einem bedeutenden historischem Geschehen, so seiner Vermittlung im Streit zwischen dem Deutschen Reich und Spanien um den Besitz der Karolinen-Inseln, verleiht er mit wohlgesetzten Worten Ausdruck. In seinem Werk finden sich darüber hinaus in Verse gefasste Scherze und Rätsel, Epigramme sowie Sprüche und Gedichte zu den Gedenkmünzen seines Pontifikates.

Alle Gedichte sind von der katholischen Religion getragen, so sehr, dass viele von ihnen den Rang von Gebeten besitzen. Der Papst ruft mit ihnen zur Betrachtung der Heilstaten Gottes auf und gibt Zeugnis vom Gedenken und der Fürbitte der Heiligen. 1896 verfasste er „Die Helferin der Christen". Es ist der Muttergottes als der Siegerin der Seeschlacht von Lepanto gewidmet.

„Zeugen sind die Echinaden,
Ion'sche Inseln, deiner Macht:
Heute noch in aller Munde
Lebt die Tat, die Du vollbracht",

beginnt der Papst sein Poem und fährt fort:

„Kampfgerüstet gegenüber
Halten Schiffe, lang gereih't,
Und der Krieger Herzen glühen,
Lechzend nach dem wilden Streit.
Nun zum Angriff zieh'n die Reihen:
Hier Mariä Banner winkt
Himmelwärts, und dort der Halbmond
Drohend her und trotzig blinkt."

Mit kraftvollen Worten und sehr anschaulich schildert Leo XIII. über viele Verse hinweg das Geschehen bei Lepanto, bis für ihn feststeht:

„Jetzt erst ward Europa Frieden
Nach der Drangsal schwer verlieh'n,
Jetzt erst konnt' der Väter Glauben

Auf zu neuem Glanze blüh'n."

Leo XIII. gilt zu recht als ein großer Marienpapst; kaum ein anderer Pontifex Maximus hat so viele Apostolische Rundschreiben zur Muttergottes, derart viele Enzykliken zur Pflege des Rosenkranzgebetes verfasst wie er. Seine lateinischen Mariengedichte und -gebete sind keine literarischen Relikte und keine verblassende Erinnerung an einen großen Papst und Dichter, sie haben ihre ursprüngliche Kraft und Aussage behalten und können noch heute das Gebetsleben auf wohltuende Art und Weise bereichern und inspirieren.

Ein Papst auf dem Matterhorn

Johannes Paul II. und Benedikt XVI. verbrachten bisweilen in den Sommermonaten Tage ihres jährlichen „Urlaubs" in den Alpen und unternahmen dort gemütliche Bergwanderungen. Einer ihrer Vorgänger war hingegen vor seiner Wahl zum Oberhirten der katholischen Kirche um Professionalität in der Bezwingung von Bergen bemüht. Pius XI. (1922-1939) wird oft als der Papst der Gelehrten betrachtet. Der Pontifex hatte sich vor allem als Wissenschaftler einen Namen gemacht — als Professor am Priesterseminar in Mailand sowie als vielgerühmter Präfekt der Ambrosiana und der Vatikanischen Bibliothek. Achille Ratti war jedoch auch auf gänzlich anderem Gebiet nicht unbekannt; er galt als ein passionierter Bergsteiger, der sogar Erstbesteigungen vorweisen konnte und eine nicht unbedeutende Zahl alpinistischer Schriften verfasst hatte.

Die Qualitäten eines Bergsteigers bestimmten sein Leben, seinen starken und entschlossenen Charakter. Selbst kleine Vorfälle, die eher mit Humor zu betrachten sind, geben davon Zeugnis. Der 80-jährige Bischof von Foligno, Monsignore Corbini, bat den Papst in einer Audienz, ihn von der Leitung der Diözese zu entlasten, da ihm die Jahre schon stark zusetzten. Der gleichaltrige Papst gab ihm prompt zur Antwort: „Wir spüren die Jahre nicht!" Die Verhandlungen zu den Lateranverträgen von 1929, die mit der Gründung des Vatikanstaates gekrönt wuden, gestalteten sich nicht einfach. Oft drohte ein Scheitern. Immer wieder griff Pius XI. persönlich ein. Der passionierte

Bergsteiger in ihm erklärte seinen Mitarbeitern: „Gratwanderungen dürfen uns nicht erschrecken."

Seine Kenntnisse von der Welt der Berge setzte der Pontifex auch für die Glaubensverkündigung und die Seelsorge ein. Im Jahre 1923 bestimmte Pius XI. den hl. Bernhard von Aosta (+ um 1081), den Begründer des weltberühmten, auf den Passhöhen des Großen Sankt Bernhard gelegenen Hospizes, zum Patron der Bergsteiger und Alpenbewohner. Die Augustiner-Chorherren des Hospizes, die allesamt über hohe alpinistische Befähigungen verfügten, betraute er mit einer äußerst schwierigen Aufgabe — der katholischen Mission auf dem Dach der Welt, in Tibet.

Alpenvereine und Bergsteigervereinigungen in aller Welt bedachten den Papst mit zahlreichen Auszeichnungen — und auch Benennungen diverser Lokalitäten. In Chile wurde der größte Gletscher Patagoniens nach Pius XI. benannt: „El Glaciar Pio XI". Von der mehr als sieben Kilometer breiten, bis zu 70 Meter hohen Front des Gletschers stürzen die vom südlichen patagonischen Eis stammenden Brocken in den Eyre Fjord; der auf der Höhe des Berges Fitz Roy und der Ortschaft Puerto Edén gelegene Gletscher bietet ein eindrucksvolles Naturschauspiel, er dringt etwa zehn Kilometer pro Jahr ins Landesinnere vor. In den Ötztaler Alpen trägt die auf 2.543 Meter gelegene Weißkogelhütte auf Italienisch die Bezeichnung „Rifugio Pio XI alla Palla Bianca".

Zu den gut zwanzig großen Touren, die Achille Ratti zwischen 1885 und 1913 unternahm, gehörte im Juli und August 1889 die Route: Monte Rosa — Erstbesteigung (!) der Dufourspitze von Osten — Überschreitung des Zumsteinsattels — Matterhorn — Theodulpass. In der Dunkelheit der Nacht brachen Ratti und seine Gefährten am 7. August zum Matterhorn auf. Für die Sektion Mailand des italienischen Alpenclubs beschrieb er das alpine Wagnis: „Wir begannen den Aufstieg auf dem gewöhnlichen Wege, von Fels zu Fels, von Grat zu Grat, von Seil zu Seil, bis wir unter der ‚Schulter' des Matterhorns zurückkehrenden Bergsteigern begegneten. Von ihren Führern erfuhren wir, dass der Schnee auf der Spitze nicht sehr haltbar sei, und dass an einzelnen Stellen auch Neuschnee die Felsen leicht bedecke. Da wir den Aufbruch spät begonnen hatten, waren wir gleich anfangs auf einen schweren Anstieg und jetzt noch auf mehr Arbeit oben gefasst. Wir gingen also hinauf, indem wir streng ausführten, was Whymper in der Beschreibung seiner schwierigen Erstbesteigung sagte: ‚Vorsicht und Langsamkeit werden hier zur Notwendigkeit' — und wir fanden uns ausgerechnet an der Stelle, an der Whymper die angeführten Worte ausgesprochen hatte. Von Zermatt gesehen, erscheint die Seite unersteigbar. In Wirklichkeit ist sie es nicht für den, der sich auf die Sicherheit seiner Füße und die Kraft seiner Arme verlassen kann, besonders bei Schneeverhältnissen, wie wir sie vorfanden. Endlich erreichten wir den Gipfel. Die scheidende Sonne goss ihre letzten Strahlen auf das weite, unbeschreibliche Rundgemälde: nie werde ich die furchtbare Schönheit der Abgründe vergessen, die unter dem Gipfel nach dem Valtournanche senkrecht in der Tiefe gähnten. Aber die Sonne ging unter. Eine eisige Luft mahnte zum Abstieg. Unser Kamerad François Bich, dessen einer Fuß wahrscheinlich infolge Überanstrengung auf den letzten Felsen schmerzte, übergab die Führung an Josephe Gadin, dem ich folgte. Kaum begannen wir abzusteigen, als wir den Einfluss der Kälte bemerkten: der Schnee war mit einer Eisschicht bedeckt.

Immer mehr machte sich die Notwendigkeit äußerster Vorsicht bemerkbar: die Schnelligkeit des Abstiegs, zu der die späte Stunde aufforderte, musste der Sicherheit geopfert werden. Aber Gadin war auf Schnee und Eis in seinem Element. Nur einer allein durfte sich auf einmal bewegen. An den schwierigen Stellen, wenn Gadin mich fest und sicher wusste, bat er mich, das Seil zu halten; ich sah ihn unter mir, aufrecht am Abgrund, sicher und geschickt mit dem Pickel arbeiten. Jemand fragte mich, was bei einem etwaigen Absturz Gadins geschehen wäre. Mir zu allererst hätte dieser Gedanken kommen müssen, und doch dachte ich keinen Augenblick daran, da ich sah, wie er arbeitete. Auch hätte ich ihn allein halten können. Eine Zeitlang hatten wir gehofft, eine Hütte rechtzeitig genug zu erreichen, um die Nacht dort zuzubringen. Es kam aber anders; dicht unter der ‚Schulter' machten wir Halt.

Da das Wetter immer noch herrlich war, verbrachten wir die Nacht sorglos da, wo wir uns gerade befanden. Ich kann sagen: wir wurden reichlich belohnt! Die eigenartige Gestalt des Matterhorns, die vollkommene Einsamkeit, in der es seine gigantische Spitze zum Himmel hebt, die Mannigfaltigkeit der Landschaft unter uns, ließen mir diese Nacht in mancher Hinsicht noch schöner erscheinen als jene, die ich fast eine Woche zuvor auf der Spitze des Monte Rosa zugebracht hatte. Wir waren alle in bester Stimmung. Doch die Kälte war schneidend, und da wir Hände und Füße fortwährend bewegen mussten, fühlten wir, dass wir den Abstieg nicht beginnen konnten, ehe die Sonnenwärme uns wieder geschmeidig gemacht hätte. Nachdem wir den Aufstieg der Sonne und ihr langsames Emporsteigen beobachtet hatten, stiegen wir ab."

„All the Pope's Men"

Päpstliche Konsuln im Einsatz

Wenn von der Päpstlichen Diplomatie die Rede ist, so werden, wenn man von deren Ausführenden spricht, Nuntien, Delegaten und Geschäftsträger genannt. Kaum jemand ahnt, dass es bis zum Endes des alten Kirchenstaates am 20. September 1870 – und zum Teil noch Jahre über dieses geschichtsträchtige Datum hinaus – „Päpstliche Konsuln" gab, ja dass diese sogar einst das Gros der Diplomaten des Heiligen Stuhls stellten. Wer einen Blick in die Päpstlichen Jahrbücher des 19. Jahrhunderts, die „Gerarchia cattolica" oder den „Annuario Pontificio" wirft, entdeckt dort die Namen der Konsuln, die den Kirchenstaat weltweit vertraten – auch in den deutschen Staaten, so in Hamburg, Bremen, Lübeck und Königsberg.

Fast überall auf der Erde, sogar dort wo Apostolische Nuntien oder Delegaten keinen Zutritt hatten, nahmen Konsuln die Interessen der Päpstlichen Staaten wahr. In den USA erscheint erstmals am 26. Juli 1797 ein Päpstlicher Konsul auf, der römische Kaufmann Giovanni Battista Sartori. In den Vereinigten Staaten entstanden Konsulate in Washington D.C., Philadelphia, New York, New Orleans, Baltimore, Charleston, Trenton, Norfolk, Savannah, Boston, Cincinnati und San Francisco. Da es in den Vereinigten Staaten keine diplomatischen Vertreter des Heiligen Stuhles gab, übernahmen die Päpstlichen Konsuln oft Aufgaben, die über ihren eigentlichen weltlichen Auftrag hinausgingen. Auch im russischen Reich wirkten Konsuln des Kirchenstaates, die in geistlichen Anliegen des Papstes vorstellig wurden. Die Interessen Roms am Zarenhof vertrat in den Pontifikaten Gregors XVI. (1831-1846) und Pius' IX. (1846-1878) ein in Odessa wohnender reicher kroatischer Reeder, Simun Zamarija Supicic aus Silba.

Die meisten der Päpstlichen Konsuln mussten nach der Eroberung Roms durch die piemontesischen Truppen ihre Arbeit einstellen. Jedoch nicht alle. Überraschenderweise waren es gerade die Vereinigten Staaten von Amerika, die zum Ärger des Königreiches Italien den Konsuln des ehemaligen Kirchenstaates das Exequatur nicht entzogen. In dem von Leo Francis Stock herausgegebenen Werk „Consular Relations between the United States and the Papal States – Instructions and Despatches" (Washington D.C. 1945) kann man den teilweise heftig geführten Briefwechsel des italienischen Botschafters mit dem State Department in Washington nachlesen. Die Vereinigten Staaten weigerten sich, dem Wunsch Italiens nach unmittelbarer Schließung der Konsulate Folge zu leisten und ließen dieselben vielmehr bis zum Tod oder sonstigen Amtsendigungsgründen ihrer Titulare weiterbestehen. Der Päpstliche Generalkonsul in New York, Louis B. Binsse, blieb bis zu seinem Tod am 28. März 1895 offiziell im Amt.

Ein Vorfall aus dem Jahre 1876 machte in den USA Schlagzeilen und trug in politischen Kreisen zu großer Erheiterung bei – nur nicht bei den diplomatischen und konsularischen Vertretern des jungen Italiens. In diesem Jahr fand in Philadelphia die Weltausstellung statt; Anlass war der 200. Geburtstag der Vereinigten Staaten von Amerika. Der italienische Generalkonsul hatte einen Gang durch die Ausstellung unternommen, um die von ihm zugelassenen Aussteller seines Heimatlandes zu begrüßen und um einen Blick auf die Exponate zu werfen.

Schon in der ersten Halle traf er auf einen italienischen Stand, dessen Besitzer er nicht kannte und dessen Name ihm nicht vertraut war. Der konsularische Vertreter des Königreiches Italien ließ sich von seinem Landsmann die Einfuhrerlaubnis zeigen. Zuerst blickte er überrascht, dann ungläubig und zuletzt wütend auf ein Schreiben, das den Briefkopf des Päpstlichen Generalkonsuls in New York, Louis B. Binsses, trug, fein säuberlich von diesem unterzeichnet war und das eindrucksvolle Siegel des alten Kirchenstaates aufwies. Die Besucher der Ausstellung nahmen dann verwundert war, wie ein zorniger, hocherregter italienischer Generalkonsul von Stand zu Stand eilte und hier und da die Papiere seines „Amtskollegen" zu kassieren versuchte.

In den USA sind noch heute Spuren Päpstlicher Konsuln zu entdecken. In Boston (Massachusetts) kann auf dem Louisburg Square die erste in den Vereinigten Staaten von Amerika errichtete Kolumbus-Statue bewundert werden. Sie wurde dort im Pontifikat Pius' IX. durch den in Boston residierenden Päpstlichen Konsul, den Marchese Niccolo Reggio, aufgestellt. In New York, im Stadtteil Queens, entdeckte ein Geschichtsprofessor aus Harvard mehr oder weniger zufällig das Wappenschild eine Konsulates der Päpstlichen Staaten.

Zu Beginn der 60er Jahre des 20. Jahrhunderts schien sich der Heilige Stuhl um den Aufbau von Konsulaten der Vatikanstadt zu bemühen. Er nahm an der Wiener Konsularkonferenz von 1963 teil und trat dem am 24. April 1963 geschlossenen „Übereinkommen über konsularische Beziehungen" bei. Der Leiter der damaligen vatikanischen Delegation, Monsignore Agostino Casaroli, hatte in der letzten Sitzung der Konferenz auf die mögliche Bedeutung konsularischer Beziehungen für den Heiligen Stuhl in der Zukunft hingewiesen, wobei er an die besondere Stellung anknüpfte, die seine nicht-diplomatischen Vertreter, die Apostolischen Delegaten, in verschiedenen Staaten einnähmen, wo ihnen quasikonsularische Funktionen zukämen.

Die Wiener Konvention hatte im Artikel 17 formuliert: „In einem Staat, wo der Entsendestaat weder eine diplomatische Mission unterhält noch durch die diplomatische Mission eines dritten Staates vertreten ist, kann mit Zustimmung des Empfangsstaates ein Konsul beauftragt werden, diplomatische Amtshandlungen vorzunehmen, ohne dass dies seine Stellung als Konsul berührt." Obwohl man dann im Gefolge der Konvention von Seiten des Heiligen Stuhles konkrete Ansätze machte, um in bestimmten Staaten Päpstliche Konsulate zu errichten, kam es dann doch nicht zu einer Verwirklichung dieser Absichten.

Heute haben sich die politischen Gegebenheiten in der Welt zum Teil radikal verändert. Die jungen Völker Afrikas, Asiens und Ozeaniens und die nach dem Zusammenbruch des kommunistischen Systems im Osten Europas entstandenen neuen Staaten haben von sich aus diplomatische Beziehungen zum Papsttum gesucht; nur noch verschwindend wenige Staaten verfügen über keine offiziellen Kontakte zum Heiligen Stuhl. Die Wiederbelebung der Institution Päpstlicher Konsulate dürfte von daher keine unmittelbare Aktualität mehr besitzen – aber wer weiß dies schon.

„Piratenschiffe" und Geldwäscher im Visier

Am 30. April 1786 legte der Generalschatzmeister der Apostolischen Kammer, Monsignore Fabrizio Ruffo, einen „Generalentwurf für die Sanierung der päpstlichen Finanzen und Ökonomie" vor. Ein wichtiger Schritt in diesem Reformwerk des 18. Jahrhunderts war die Errichtung einer „Pontificia Guardia di Finanza", einer „Päpstlichen Finanzwache". Die neue Truppe sollte zu Lande und zu Wasser tätig werden. Schon bald bewies diese Einheit hohe Schlagkraft. Selbst in der kurzlebigen ersten „Römischen Republik" und der französischen Besatzung in Napoleonischer Zeit versah sie ihren Dienst.

Nach dem Wiener Kongress (1814/15) wurden ihre Aufgaben intensiviert. 1828 kreuzten acht päpstliche Zollschiffe vor Ancona und der Adriaküste; vier Schiffe schützten Civitavecchia und den schmalen Mittelmeerstreifen des Kirchenstaates. Als 1848 in den Päpstlichen Staaten die Revolution ausbrach, musste die „Pontificia Guardia di Finanza" gegen den Druck gefälschter Banknoten vorgehen, die von den Aufrührern als Mittel zur Destabilisierung der Regierung eingesetzt wurden. Nach dem Fall der zweiten „Römischen Republik" dienten 1.850 Mann als Finanzpolizisten unter der Fahne des Papstes. Zehn Jahre später, nachdem Pius IX. gezwungen war, die Romagna, Umbrien und die Marken an den neuen italienischen Einheitsstaat abzutreten, verblieben dem Kirchenstaat nur noch 440 Mann.

1865 gerieten die Zollboote der Päpstlichen Finanzwache in

den Strudel internationaler Politik. Der amerikanische Gesandte in Rom wurde im Apostolischen Palast vorstellig und forderte Pius IX. auf, gegen die „Piratic Vessels", die vor der Küste des Kirchenstaates auftauchten, einzuschreiten und ihr Einlaufen in den Hafen von Civitavecchia zu untersagen. Der Pontifex zeigte sich von dem Ansinnen überrascht. Dann klärte ihn Kardinalstaatssekretär Giacomo Antonelli auf. Mit „Piratenschiffen" waren die Handelsfregatten der Südstaaten gemeint, die in der nunmehr einzigen päpstlichen Hafenstadt anlegten, um dort Baumwolle zu entladen.

Der amerikanische Diplomat zeigte sich über die Kontakte empört, die der Heilige Stuhl während des Bürgerkrieges zu den Konföderierten unterhielt. Rom hingegen empfand die amerikanische Außenpolitik als ein kaum verhohlenes Eintreten für das Risorgimento und als Bedrohung der Existenz des Kirchenstaates. Die Empfindlichkeiten waren enorm. Die Marine der Finanzwache erhielt Order, die Schiffe der Südstaaten nicht zu behelligen. Im September 1870 schien das Schicksal der „Pontificia Guardia di Finanza" besiegelt; mit der Einverleibung des Kirchenstaates in das Königreich Italien hörte sie auf zu existieren. Der Ruf der päpstlichen Finanzwächter war jedoch so gut, dass der neue Staat sie aufrief, „in so bewährter und vorzüglicher Weise nun Seiner Majestät dem König und dem Vaterland zu dienen".

Mit der Gründung des Vatikanstaates im Jahre 1929 wurden der Päpstlichen Gendarmerie viele der Verpflichtungen übertragen, denen im alten Kirchenstaat die Finanzwache nachzukommen hatte, doch in der Regel nur auf dem Papier. In der Realität beschränkten sich die Gendarmen darauf, in den Vatikanischen Museen illegaler Verkäufer habhaft zu werden, die

Besuchern gefälschte Münzen zum Erwerb anboten, oder auf die Ahndung weiterer kleiner Finanzdelikte. Zu den Ermittlungen, die in der zweiten Hälfte des 20. Jahrhunderts die Finanzskandale betrafen, in denen auch die Vatikan-Bank, der IOR, involviert war, konnte sie nicht herangezogen werden. 1970 war die Päpstliche Gendarmerie zum „Corpo di Vigilanza", einem zivilen Wachkorps, degradiert worden. Erst gegen Ende der Regierungszeit Papst Johannes Pauls II. erfuhr es seine Aufwertung zu einer schlagkräftigen Polizeieinheit und erhielt seine alte Bezeichnung als Gendarmerie wieder.

Am 30. Dezember 2010 wurde für den Staat der Vatikanstadt ein Gesetz „zur Vorbeugung und Abwehr illegaler Aktivitäten im Bereich des Finanz- und Währungswesens" erlassen. Papst Benedikt XVI. ordnete die Errichtung einer eigenen Aufsichtsbehörde an, der „Autorità di Informazione Finanzaria". Zum Mitglied von deren Führungsequipe wurde auch der Generalinspektor des päpstlichen Gendarmeriekorps berufen. Bei der vatikanischen Gendarmerie mussten nun Bargeldsummen ab einer bestimmten Höhe angemeldet werden, die in das Territorium des Vatikanstaates ein- und ausgeführt wurden. Bei Verdachtsfällen dürfen die Beamten sogar Personenkontrollen durchführen. Doch die Umsetzung einer solchen Möglichkeit stößt an natürliche Grenzen; so merkt ein ‚Agente' der Gendarmerie an: „Wir tun uns nicht leicht, in die Aktentaschen hochrangiger Geistlicher oder von Personen aus der unmittelbaren Umgebung des Heiligen Vaters Einblick zu verlangen."

Doch die Jahresberichte der vatikanischen Finanzaufsicht heben die Effizienz der Gendarmen als Finanzpolizei des Vatikanstaates eigens hervor. Sie erwähnen und loben deren Bemühungen, sich durch Spezialisierung, Weiterbildung, Einsatzfreude und neuem technischen Knowhow auszuzeichnen. Für Domenico Giani, den Chef der Gendarmerie, ist dies eine Selbstverständlichkeit: „Wir sind eine kleine Truppe, die diesen Dienst mit großem Pflicht- und Verantwortungsbewusstsein leisten muss." Erfolge in der Strafvereitelung und Strafverfolgung von Finanzdelikten ist Giani auch ein persönliches Anliegen, war er doch vor seinem Wechsel zum päpstlichen Gendarmeriekorps bei der „Guardia di Finanza" Italiens tätig.

Im März 2014 versuchten zwei Männer – ein Engländer und ein Niederländer – den IOR, das Bankinstitut des Vatikan, mit einem Betrug auszunehmen. Das vatikanische Gendarmeriekorps konnte in Zusammenarbeit mit der italienischen Finanzpolizei die Männer nach dem Betreten der Vatikanstadt auf dem Weg zu dem Geldinstitut festnehmen. Die Beamten beschlagnahmten gefälschte Schuldscheine im Wert von mehreren Milliarden Euro und Dollar. „Wenn man uns lässt, können wir sogar noch effektiver handeln", hieß es von den Ermittlern der Gendarmerie.

Fashion Style auf vatikanisch

Das Entsetzen stand Seiner Eminenz ins Gesicht geschrieben. Der Purpurträger, der lange Zeit aufgrund eines hohen Kurienamtes im Apostolischen Palast gewohnt hatte, war nach seiner Emeritierung gebeten worden, in den Palazzo del Sant' Uffizio überzusiedeln. Als er das erste Mal die ihm angebotene Wohnung beim Sitz der Glaubenskongregation sah, raubte ihm die Flucht der Gänge und Räume, die Anzahl und Größe der Zimmer den Atem. Er sah mit einem Blick, dass sein bescheidener Hausstand vielleicht gerade ein Drittel – eher jedoch weniger – des imposanten, äußerst großzügig angelegten Appartements füllen würde. Der Kardinal gab seiner Begleitung zu verstehen, wohl auf die Wohnung verzichten zu müssen. Die aber beschwichtigte mit einem verständnisvollen Lächeln und erklärte, die „Floreria" werde Ihrer Eminenz selbstverständlich hilfreich und unverzüglich zur Seite stehen.

„Wenn ein Prälat in den Vatikan kommt, dann bittet er uns häufig darum, die Wohnung einzurichten, die man ihm zugewiesen hat", verriet ein Mitarbeiter der „Floreria" der Tageszeitung des Papstes. „Einige bleiben nur fünf Jahre und gehen dann wieder, stellen also keine großen Anfoderungen und suchen keine Stilmöbel, sondern bevorzugen eine praktische und funktionale Einrichtung. Es gibt auch Personen, die Möbel zum Repräsentieren brauchen, dann versuchen wir den verschiedenen Wünschen entgegenzukommen. Die Einrichtung wird unentgeltlich zur leihweisen Nutzung zur Verfügung gestellt. In unseren Lagern haben wir die Möglichkeit, eine vollständige Wohnungseinrichtung zusammenzustellen, einschließlich Bildern, Hausrat und Lampen. Dank des Fortschritts der Informatik, die in den letzten Jahren die digitale Fotografie stark weiter entwickelt hat, und dank der großen Speicherkapazität der modernen Hardwaresysteme können wir die Einrichtungsgegenstände jetzt vorführen, indem wir sie ausdrucken beziehungsweise auf dem Bildschirm zeigen."

In der „Floreria" weiß man auch, dass man im Fokus der Medien steht. In der Sensationspresse und so genannten Enthüllungsbüchern ist von „Residenzen" und „Luxusdomizilien" des Vatikans die Rede. Mangelnde Bescheidenheit wird beklagt, eine Option für die „Kirche der Armen" vermisst. Besonders die Wohnungen der römischen Purpurträger werden der Beobachtung unterworfen, plakativ deren Quadratmeterzahlen gegen die Ausmaße der päpstlichen Unterkunft im vatikanischen Gästehospiz aufgerechnet. Der Großteil der Kardinalswohnungen in Rom befindet sich in historischem Ambiente, in Palästen, oder sind sogar in den weiten Fluchten des Apostolischen Palastes gelegen. Ihre Größe und Aufteilung war und ist durch die Geschichte des Kardinalats vorgegeben. Bis in die 60er Jahre des 20. Jahrhunderts schrieb die damalige Zeremonialkongregation peinlich genau vor, wie die Wohnung eines Purpurträgers auszusehen hatte. So verlangte sie das Vorhandensein eines Eingangssaals, eines Wartezimmers für die Besucher und eines Saals für die Sitzungen der Kongregationen, denen der Kardinal als Präfekt vorsaß.

Die Residenz eines Kardinals in der Ewigen Stadt war und ist nicht nur eine Wohnung; sie ist auch ein Arbeitsplatz und ein Ort der Kommunikation. Hier kommt es oft täglich zu Begegnungen mit einer Vielzahl von Besuchern (Schüler-, Pfarr- und Pilgergruppen) und Delegationen im Dienste der Ökumene und nichtchristlichen Religionsgemeinschaften. Gründe, warum übergroß erscheinende Wohnungen nicht immer in mehrere kleinere aufgeteilt werden können, haben nicht selten ihre Erklärung in den Vorschriften des Denkmalschutzes oder im hohen Alter mancher Palazzi, deren Umgestaltung nur schwer oder gar nicht möglich ist.

Bei der Einrichtung von Wohnungen der Kardinäle, Bischöfe und höheren Prälaten der Römischen Kurie zu helfen, ist nur eine der vielen Aufgaben der „Floreria". Auch für die Inneneinrichtung und die Restaurierungs- und Modernisierungsarbeiten in den päpstlichen Gemächern, der Villen in der Sommerresidenz Castel Gandolfo und anderer exterritorialer Gebäude ist sie zuständig. Hauptsächlich aber ist die „Floreria" dafür verantwortlich, Sankt Peter, den Petersplatz und die Räumlichkeiten des Apostolischen Palastes für die Zeremonien und Liturgien mit dem Heiligen Vater herzurichten und auszustatten. Leiter dieser wichtigen vatikanischen Einrichtung ist der „Floriere" (Ausschmücker). Sein Dienst und seine Amtsbezeichnung werden schon im 14. Jahrhundert erwähnt; ein Dokument aus dem Jahre 1391 verzeichnet einen „magister florariae apostolicae".

Anfallende Restaurierungsarbeiten werden durch eine Reihe eigener Werkstätten ausgeführt: So nimmt eine Polster- und Näharbeiten vor, eine andere verfügt über eine Tischlerei und widmet sich der Restaurierung von Möbeln, einer weiteren sind Vergoldungsarbeiten übertragen. Zwei der Werkstätten liegen in der Nähe der „Zecca Pontificia", der ehemaligen Münzprägeanstalt, an der Piazza del Forno. An der Straße, die zur Lourdesgrotte hin ansteigt, liegt die Vergoldungswerkstatt. Die Magazine sind über die ganze Vatikanstadt verteilt. Zwei große Lager befinden sich beim Cortile del Triangelo und dem „Papageienhof" des Papstpalastes.

Die Transportarbeiten für Papstgottesdienste und Generalaudienzen auf dem Petersplatz sind Schwerstarbeit; bei einigen Anlässen müssen allein 30.000 Stühle transportiert werden. Hochbetrieb herrscht bei der „Floreria" im Falle eines Konklaves. Bis zu dem Konklave, bei dem Johannes Paul II. (1978-2005) gewählt wurde, war sie für die Vorbereitung und provisorische Unterbringung der Papstwähler zuständig. Johannes Paul II., der an den beiden Konklaven des Jahres 1978 teilgenommen hatte, und daher die Schwierigkeiten kannte, mit denen die Kardinäle in ihren behelfsmäßigen Quartieren zu kämpfen hatten, ließ das Gästehaus „Domus Sanctae Marthae" bauen, um sie bei künftigen Papstwahlen würdiger unterzubringen. Abgesehen von dieser Arbeitserleichterung muss die „Floreria" während der Sedisvakanz des Heiligen Stuhles weiterhin die Sorge um die Vorbereitung und Ausstattung der Sixtinischen Kapelle, der „Cappella Paolina" und der Benediktionsaula tragen.

Die Magazine der „Floreria" sind eine wahre Schatzkammer. Wer einen Blick in sie werfen darf, entdeckt Kostbarkeiten und Kuriositäten. Hier wird eine vergoldete „Maschine" mit allerlei technischen Vorrichtungen verwahrt, die Bernini zur Aussetzung des Allerheiligsten während der Karwoche entworfen hatte – mit anbetenden Engeln und einer aufwändig verzierten Gloriole hinter dem mystischen Lamm, das die Monstranz trägt. In einem gut verschlossenen Kasten hütet der Floriere die Hülle eines Ballons, den man in Paris am 16. Dezember 1804 während der Krönungsfeierlichkeiten Kaiser Napoleons hatte aufsteigen lassen und der einen Tag später in den See von Bracciano gefallen war (allein das Seidennetz, das den Ballon umgab, besaß damals einen Wert von 12.000 Francs). In einem Tresor harrt ein Tafelgeschirr der Benutzung, das der Kaiser der Franzosen Papst Pius VII. zum Geschenk gemacht hatte.

Der Besucher stößt auf seinem Rundgang auch auf gewaltige Messingbecken. Sie kamen in früheren Zeiten, genau gesagt ab dem Katharinentag, dem 25. November, in der Sixtinischen Kapelle und den großen Sälen des Apostolischen Palastes zum Einsatz. Dann wurde in sie Holzkohle gegeben und der Inhalt angezündet, damit der Papst und seine Gäste in der Winterzeit nicht allzu sehr frieren mussten.

Von „Schnufis" und „Kindersoldaten"

Vor beinahe einem halben Jahrhundert rüstete Papst Paul VI. in der Vatikanstadt ab.

Aus dem farbenfrohen Zeremoniell des Kirchenstaates verschwanden die 70 adeligen Mitglieder der Päpstlichen Nobelgarde und eine fast 500 Mann starke Miliz römischer Bürger, die Palatinische Ehrengarde; die Gendarmerie des Papstes wurde in eine zivile Polizei-Einheit umgewandelt und musste auf ihre prachtvollen napoleonischen Uniformen verzichten. In einem Brief vom 14. September 1970 hatte der Papst Kardinalstaatssekretär Jean Villot mitgeteilt, dass er „nach reiflicher Überlegung und mit großem Bedauern" zu dem Entschluss gekommen sei, die bewaffneten Korps des Heiligen Stuhles mit Ausnahme der altehrwürdigen Schweizergarde, „ad eccezione dell'antichissima Guardia Svizzera" wie es in dem italienischen Schreiben hieß, aufzulösen.

Beim Kommandostab der Päpstlichen Schweizergarde schloss man in den Nachmittagsstunden dieses Septembertages die Türen, atmete kräftig durch und schenkte sich einen guten Tropfen Cognac ein – denn auch der Fortbestand des helvetischen Militärkorps war keineswegs gesichert gewesen. Zwei Jahre zuvor hatte eine italienische Zeitung vermeldet, das Ende der seit 1506 bestehenden Schutztruppe des Heiligen Vaters stehe unmittelbar bevor: „Die Schweizergarde hat sich bereits selbst aufgegeben. Ihre definitive Auflösung ist eine Frage der Zeit". Die Nervosität unter den Offizieren des Korps und die alarmierende Pressenotiz fußten nicht nur auf Gerüchten, sondern hatten einen realen Hintergrund. 1968 waren nur 57 Mann im Dienstverzeichnis der Garde erfasst; 1970 dürften es sogar weniger als 50 Mann gewesen sein. Noch jahrzehntelang sollte ein ständiger Unterbestand der Schweizergarde zu schaffen machen. Erst 1998 ging man das Problem mit der Errichtung der „Informations- und Rekrutierungsstelle Schweiz (IRS)" professionell an. Zu den neuen Formen der Anwerbung gehört auch eine alljährlich im Oktober stattfindende „Schnupperwoche" in Rom.

Die Einladung zur „Schnupperwoche" bei der Päpstlichen Schweizergarde ist sehr persönlich gehalten. „Tausende junger Schweizer haben schon in der Schweizergarde gedient und es zeitlebens nicht bereut. Wir leben mitten im Geschehen der Weltkirche. Und das nicht als Zuschauer. Wir erfüllen eine wichtige Aufgabe für die Sicherheit des Papstes und seiner engsten Mitarbeiter und sind seine Visitenkarte", erklärte der damalige Kommandant den Auftrag der Leibwache des Papstes. „Die Schnupperwoche bietet Dir die exklusive Möglichkeit, hinter die Kulissen des berühmtesten Sicherheitsdienstes der Welt zu blicken. Komm mit uns auf Dienstposten, schau Dir an, wo wir leben, iss mit uns an einem Tisch. Willkommen im Vatikan!", ludt der Gardekommandant junge katholische Schweizer im Alter von 16 bis 18 Jahren nach Rom ein.

Zum Programm gehörte eine Führung durch die Kaserne inklusive einer Besichtigung der Zimmer und Gemeinschaftsräume der Gardisten. Ein gemeinsames Mittagessen mit den Leibwächtern des Heiligen Vaters in der Mensa des Korps sollte dann erste Kontakte knüpfen. Für die Gardisten war das Gespräch mit den „Schnufis" – so die interne Bezeichnung für die Teilnehmer an der Schnupperwoche – eine Ehrensache. Der Kommandant, Offiziere und Unteroffiziere erläuterten in Vorträgen und Multimedia-Schauen Geschichte, Auftrag und Dienst der Päpstlichen Schweizergarde. Den jungen Gästen aus der Schweiz wurden alle Wachbereiche gezeigt, und so kamen sie auch in den Genuss des Privilegs, den Apostolischen Palast aufsuchen zu dürfen und bis an die Schwelle der Wohnräume des Papstes vorzudringen. Für die Garde haben sich die Schnupperwochen bezahlt gemacht. In manchen Jahren meldete sich die Hälfte der Teilnehmer in der Rekrutenschule der Garde an. Und auch an höchster Stelle weiß man die jährliche Informationsveranstaltung zu schätzen. Er könne sich keine sympathischere Anwerbung seiner Leibwächter vorstellen als die Schnupperwoche, soll der Papst einmal als oberster Dienstherr der Schweizergarde gesagt haben.

Auf seinen Auslandsreisen begleiten den Heiligen Vater auch immer einige Mitglieder der Päpstlichen Schweizergarde und der Gendarmerie des Vatikanstaates. Den erfahrenen Offizieren und Beamten ist der unmittelbare Personenschutz des Papstes anvertraut. Beim Besuch Benedikts XVI. (2005-2013) in der spanischen Hauptstadt erhielten die eidgenössischen Leibwächter zu ihrer eigenen Überraschung eine sechzigköpfige Verstärkung. Es waren jedoch nicht im Militärdienst erprobte und mit dem vatikanischen Zeremoniell vertraute Männer aus ihrer Heimat, sondern Kinder und Jugendliche aus Spanien, die in den traditionellen Uniformen der Schweizergarde für den hohen Besucher aus der Ewigen Stadt ihren „Ehrendienst" antraten.

„Die Idee zur den „Jóven Guardias Suizos", den jungen Schweizergardisten, entstand, als Johannes Paul II. 1982 unser

Land aufsuchte; wir haben sie damals aus Liebe und Verehrung zum Heiligen Vater ins Leben gerufen, er sollte sich auch hier in Spanien durch ihren Anblick heimisch fühlen", erklärte Efren Diaz, der „Kommandant" der ungewöhnlichen Truppe. Die jungen Spanier waren bei der Begrüßungs- und Abschiedszeremonie und allen großen Veranstaltungen mit dem Papst anwesend. Das korrekte Grüßen, die Habtachtstellung und das Niederknien wurden von ihnen wochenlang geübt. Die Verantwortlichen waren stolz darauf, alle 60 „Mann" mit einer dem Original sehr nahe kommenden Uniform ausgestattet zu haben.

Kinder und Jugendliche im Gewand der Päpstlichen Schweizergarde sind aber keine Erfindung der Spanier. Junge Römer in das Gewand der Leibwache zu stecken, besonders zum Karneval, war bereits im Barock üblich. Der Besucher des „Museo di Roma" im Palazzo Braschi kann dort ein Gemälde von Pierre Bouche erblicken, das einen kleinen Jungen, den Großneffen Papst Klemens' IX. (1667-1669) zeigt, in der Uniform der Schweizer und mit einer Hellebarde „bewaffnet". Zum „Römischen Karneval" unserer Zeit schrieb Reinhart Raffalt: „Eine der Enttäuschungen, die Rom heute seinen Besuchern bietet, ist der Karneval. Man hat Goethe gelesen und erwartet Maskeraden, Blumenkorso, Pferderennen und Festbeleuchtung. Anstatt dessen hüpfen ein paar sorgfältig und unpraktisch kostümierte Kinder als Cowboys und Schweizergardisten auf den regenfeuchten Straßen herum, von ihren stolzen Müttern sorgfältig gehütet."

Fotografien aus der ersten Hälfte des 20. Jahrhunderts präsentieren junge Niederländer bei landesweiten katholischen Veranstaltungen in den prächtigen Uniformen des vatikanischen Korps. Als Johannes XXIII. im Jahre 1962 eine Pilgerreise nach Loreto und Assisi unternahm, sah man entlang der Bahnstrecke, die der Papst benutzte, eine ganze Reihe italienischer Kinder als Schweizergardisten kostümiert. Und bei der echten Päpstlichen Schweizergarde dürfen Jungen und Mädchen sogar erste Erfahrungen mit dem „Militärdienst" machen. Auf Werbeveranstaltungen in der Schweiz wird ihnen für eine 10-minütige „Ehrenwache" ein mit den päpstlichen Insignien verziertes Zertifikat ausgestellt.

Und nicht verschweigen sollte man eine päpstliche „Militärakademie", die von 1948 bis 1970 in der Vatikanstadt existierte. Sie hatte die Aufgabe, Jugendliche im Alter von 12 bis 18 Jahren zusammenzuführen und sie für einen späteren Eintritt in die Päpstliche Palatingarde vorzubereiten und auszubilden. Einmal in der Woche erhielten sie eine „formazione" (Ausbildungsstunden) im Quartier der Garde. Der „Gruppo Ragazzi" (Jungengruppe) – so der offizielle Name – trug im Vatikan sogar eine eigene Uniform. Hose und Jacke waren in den Farben der Uniform der Palatingarde gehalten. Die Jacke besaß einen Brustaufsatz aus amarantfarbenem Stoff, versehen mit zwei Reihen vergoldeter Knöpfe. Als Kopfbedeckung diente ein amarantfarbenes Schiffchen mit der gelb-weißen päpstlichen Kokarde und einer kleinen Quaste. Zu den schwarzen Schuhen wurden weiße Gamaschen getragen.

Dem Papste verbunden

Tratsch auf literarischem Niveau

In Rom konnte man sich Ende 2013 eines Schmunzelns nicht erwehren, wenn man Post aus der Vatikanstadt erhielt und der Brief mit einer Marke geschmückt war, die den bekanntesten Volksdichter der Ewigen Stadt, Giuseppe Gioacchino Belli (1791-1863), zeigt. Der Kirchenstaat hatte die Ein-Euro-Briefmarke zur Erinnerung an den 150. Todestag Bellis am 21. Dezember 1863 herausgegeben.

Die Ehrung des Dichters gewann auf ungewöhnliche Weise durch Papst Franziskus an Aktualität. Im September des Jahres hatte sich der Pontifex gleich zweimal mit dem Thema „Geschwätz" auseinandergesetzt. „Schluss mit dem ständigen Geschwätz! Geschwätz ist zerstörerisch für die Kirche", bekamen die Teilnehmer an einer Frühmesse im vatikanischen Gästehaus zu hören. Bei einem Gottesdienst zum Patronatsfest der päpstlichen Gendarmerie forderte der Heilige Vater die Ordnungshüter sogar auf, jene, die sie im Vatikan beim Geschwätz ertappen, zu stoppen: „Der Tratsch ist eine Sprache, die man nicht im Vatikan sprechen kann, es ist eine verbotene Sprache, denn es ist die Sprache des Teufels." Und auch bei seiner Weihnachtsansprache an die Mitarbeiter der Römischen Kurie wandte sich Papst Franziskus nochmals mit harrschen Worten gegen den Tratsch.

Aber ausgerechnet Giuseppe Giacchino Belli, dessen Profil eine vatikanische Briefmarke schmückt, ist für viele der Protagonist des Tratsches als Literatur. „Keinem gelang so sehr, das

Gerede des Volkes zu Papier zu bringen, wie ihm", urteilte der Augustiner-Chorherr und Kurienprälat Vincenzo Tizzani über den römischen Poeten. Belli wurde am 7. September 1791 in Rom geboren. Sein Vater Gaudenzio stand in Diensten der päpstlichen Verwaltung; seine Mutter Luigia Manzio stammte aus einer bekannten Juristenfamilie der Ewigen Stadt. Wie sein Vater so schlug auch der junge Belli eine Beamtenlaufbahn im Kirchenstaat ein. Schon früh zeigte sich sein Talent als Schriftsteller; zunächst bewies er sich mit wissenschaftlichen Aufsätzen und, nach seiner Annäherung an das römische akademische Ambiente, mit dem Verfassen von Versen. Seine Heirat mit einer wohlhabenden Witwe ermöglichte ihm, sich seiner Literaturleidenschaft immer mehr zu widmen und Reisen in ganz Italien zu unternehmen. In Mailand wurde er mit dem Werk des Dichters Carlo Porta bekannt und sah, dass die humorvolle, mundartliche Dichtung ein mit den anderen Literatursparten gleichrangiges Mittel der Darstellung der Gesellschaft zu sein vermochte.

Belli gelang es, mit beißendem Spott die Laster und Tugenden der römischen Bevölkerung zu beschreiben, wobei er sich als metrische Form für das Sonett entschied und es schaffte, mehr als 2000 davon zu dichten: „Ich habe beschlossen, dem, was heute das römische Volk ist, ein Monument zu schaffen ... die Sprache, das Naturell, die Sitten und Gebräuche, die Beschäftigungen, die Überzeugungen, die Vorurteile, die irrationalen Glaubensgebilde, kurz, alles was es betrifft".

Doch diesem von ihm geschaffenen großartigen Monument steht der Dichter selber zwiespältig gegenüber. Denn im Grunde möchte er seine Sonette nicht veröffentlicht sehen. In seiner Vermittlung des römischen Dialekts, des Romanesco, ist er durch und durch wahrhaftig, aber zu dem Sarkasmus, der Brutalität und der Obszönität der Worte will sich der Römer aus gutem Bürgerstand, der antiklerikale und dennoch gläubige Katholik, eine sichere Distanz bewahren. So ist der Dialekt seiner Heimatstadt für ihn letztendlich „eine entartete und verdorbene Redensweise", vor der ihm graut, die er hasst.

Für den Literaten Otto Ernst Rock, der sich eingehend mit dem Dichter beschäftigt hat, ist das „Phänomen Belli" noch heute schwer zu erklären, denn Belli „stand innerlich dem einfachen Volk fern". Belli „schämte sich zeitlebens dieser Liaison mit dem Gewöhnlichen, das ihn so faszinierte ... er hatte die Sprache des Volkes von Trastevere als das rechte Mittel entdeckt, sich seinen Abscheu vor Heuchelei und Bosheit, Machtmissbrauch und Rechtsbruch von der Seele zu schreiben und seine Ängste dazu". In seinen Sonetten gibt der Dichter ein so fundamental erklärendes und prägendes Bild vom einfachen römischen Volk, wie es kaum jemandem vor und nach ihm gelang.

Mit der Zeit und dem vorgerückten Alter versagte es sich Belli, dieses Werk fortzuführen. Es war eine Vielzahl von Gründen, die hierfür verantwortlich war – nicht zuletzt die Sorge, mit seinen Sonetten und ihrer Veröffentlichung könne er der Karriere seines Sohnes, der beruflich in die Fußstapfen seines Vaters und Großvaters getreten war, schaden. Und so wurde Giuseppe Gioacchino Belli sogar Mitarbeiter der römischen Zensurbehörde, die sich häufig päpstlicher als der Papst gebärdete, und über die sich selbst Pius IX. (1846-1878) mokierte: So hatte ein übereifriger Zensor in einem Operntext „beim Klang der Engelsharfe" in „beim Klang der harmonischen Harfe" umgewandelt. Der Papst erfuhr davon und reagierte wenige Tage später darauf. Als er zu einer Ausfahrt den Vatikan verließ, rief er bei der Porta Angelica (Engelstor) dem Kutscher zu: „Also los, fahren wir durch die Porta Harmonica!"

1850 wurde Belli Präsident der „Akademie der Tiberiner", er widmete sich nun einer anderen Literatur, er verfasste religiöse und kirchliche Texte. 1856 erschienen seine „Geistlichen Hymnen des Breviers" in Gedichtform und Hochsprache. Belli wurde vom Papst in Privataudienz empfangen, überreichte dem Heiligen Vater seine neuen geistlichen Werke und erhielt zum Dank von Pius IX. eine goldene Pontifikatsmedaille. Am 21. Dezember 1863 erlag der Dichter den Folgen eines Schlaganfalls. Seine Sonette im Romanesco hatte er zuvor Monsignore Tizziani zur Aufbewahrung anvertraut, mit der Verpflichtung, sie nach seinem Tode zu verbrennen. Doch der Prälat, Bellis Sohn Ciro und der Freundeskreis des Dichters entschieden sich, dem nicht nachzukommen. Die Sonette wurden veröffentlicht – und damit zu Literatur und zu einem einzigartigen Kulturgut.

Giuseppe Gioacchino Bellis Werk in andere Sprachen zu übertragen, ist oft angegangen worden. Die gewaltigen Schwierigkeiten, die sich dabei zeigten, versuchte man nicht selten dadurch zu überwinden, indem für die Übersetzungen heimische Dialekte genutzt wurden. So bediente sich Adrianus Hendrik Luidjens des Amsterdamer Platts und der amerikanische Dichter Harald Norse des Dialekts, der in den Straßen New Yorks gesprochen wurde. Doch all die Übertragungen reichten nicht an das Original heran und blieben immer in dessen Schatten. Die Lektüre von Bellis Wortschöpfungen bedarf einer guten Kenntnis der italienischen Sprache und verlangt, sich mit der Geschichte der Ewigen Stadt eingehend vertraut gemacht zu haben.

Die Beschäftigung mit den Sonetten Bellis lohnt die auf sich genommenen Mühen. Die Texte geben einen faszinierenden Blick auf die Stadt am Tiber, auf die Stärken und Schwächen ihrer Bevölkerung preis. Geschwätz und Tratsch als unverzichtbares „Lebensmittel" der Römer werden in ihrer Verlockung und Wirkung erkennbar. „Schwätzen ist wie Honigbonbons naschen – man nimmt noch eines und noch eines, und am Schluss hat man Bauchweh." Dieses Bonmot könnte aus der Feder Bellis stammen, aber es sind Worte aus dem Munde von Papst Franziskus.

Ein musikalischer Abbé

Im Mai 2011 wohnte Papst Benedikt XVI. in der Audienz-halle des Vatikans einem Konzert bei, das ihm vom Präsidenten der Republik Ungarn, Pál Schmitt, zum Geschenk gemacht wurde. Anlass der Aufführung mit Werken von Franz Liszt (1811-1886) waren die ungarische Präsidentschaft des Europarats und der 200. Jahrestag der Geburt des berühmten Komponisten. In seiner Ansprache wies der Heilige Vater darauf hin, wie sehr Liszt vom katholischen Glauben geprägt gewesen sei. Der Papst gab zu bedenken: „Erinnern wir uns auch daran, dass er die Niederen Weihen empfangen hatte".

In seinem Testament, das Franz Liszt 26 Jahre vor seinem Tod verfasste, heißt es: „Weimar, den 14. September 1860. Ich schreibe dies nieder am 14. IX., am Tage, wo die Kirche das Fest der Kreuzerhöhung feiert. Die Benennung dieses Festes ist auch die des glühenden und geheimnisvollen Gefühls, welches mein ganzes Leben wie mit einem heiligen Wundmal durchbohrt hat. Ja, Jesus am Kreuz und die Erhöhung des Kreuzes, das war immer mein wahrer, innerer Beruf, ich habe ihn im Herzen empfunden seit meinem 17. Jahr, wo ich mit Tränen und demütig bat, man solle mir erlauben, in das Pariser Seminar einzutreten; damals hoffte ich, es würde mir vergönnt sein, das Leben der Heiligen zu leben und vielleicht selbst den Tod der Märtyrer zu sterben. So ist es leider nicht gekommen, aber doch nie ist mir ungeachtet der Vergehen und Verirrungen, die ich begangen habe und wegen deren ich eine aufrichtige Zerknirschung empfinde, das göttliche Licht des Kreuzes entzogen worden. Manchmal sogar hat der Glanz dieses göttlichen Lichtes meine ganze Seele durchflutet. Ich danke dafür und werde sterben, die Seele ans Kreuz, unsere Erlösung, unsere höchste Seeligkeit geheftet, und um meinen Glauben zu bekennen, wünsche ich vor meinem Tode das heilige Sakrament der katholischen apostolischen und römischen Kirche zu empfangen und dadurch Vergebung und die Erlassung aller meiner Sünden zu erlangen. Amen".

Die Ewige Stadt hatte in Franz Liszts künstlerischer Laufbahn entscheidende Akzente gesetzt. Bei seinem ersten Aufenthalt in Rom im Jahre 1839 hatte er es gewagt, in einem Konzert allein als Pianist aufzutreten. Er gab damit eine ganz neue Note in das Konzertleben und eröffnete mit seinen Klavierabenden den Pianisten eine neue Möglichkeit ihres Wirkens. 1842 fasste Liszt den Entschluss, der Virtuosenlaufbahn abzusagen, Kapellmeister zu werden und sich hauptsächlich der Komposition symphonischer Werke zu widmen. Von seinem zweiten Aufenthalt in der Ewigen Stadt (1861-1869) an widmete er sich hauptsächlich der Kirchenmusik. An seinen Freund Franz Brendel schrieb er: „Ich bin fest entschlossen, längere Zeit hier ungestört, unaufhaltsam und konsequent fortzuarbeiten. Nachdem ich die mir gestellte symphonische Aufgabe in Deutschland, so gut wie ich es vermochte, zum größten Teil gelöst habe, will ich die oratorische nebst einigen zu derselben in Bezug stehenden Werken erfüllen. Die Legende der heiligen Elisabeth, welche seit ein paar Monaten gänzlich beendet ist, darf nicht isoliert bleiben". Noch im Jahre 1862 begann er mit seinem zweiten Oratorium „Christus".

Im Juni 1863 zog Liszt auf den Monte Mario, wo ihn Freunde aus der Gemeinschaft der Oratorianer Philipp Neris ein Haus überlassen hatten. Dort fühlte er sich außerordentlich wohl – und durfte schon bald hohen Besuch empfangen. Wiederum an Brendel berichtet er: „Von meinem neuen Domizil auf Monte Mario bin ich vollständig befriedigt. Die überaus großartige, sublime Aussicht, die man von allen Fenstern genießt, ganz Rom, die wundersame Campagna und das Gebirge und alle vorangegangenen und gegenwärtigen Herrlichkeiten sind sich dazu zu denken. Ich melde Ihnen eine außerordentliche Ehre, welche mir am vorigen Sonnabend den 11. Juli widerfahren. Seine Heiligkeit der Papst Pius IX. kam nach der Kirche der Madonna del Rosario und weihte meine Wohnung durch seine Gegenwart. Nachdem ich dem Papst eine kleine Probe meiner Geschicklichkeit auf einem Harmonium und meinem Arbeitspiano dargelegt hatte, sprach derselbe in huldreichster Weise einige sehr bedeutungsvolle Worte zu mir, wodurch er mich ermahnte, dem Himmlischen im Irdischen nachzustreben und mich durch meine vorüberschallenden Harmonien auf die ewig verbleibenden vorzubereiten. Seine Heiligkeit verblieben ungefähr eine halbe Stunde: Die Monsignori De Merode und Hohenlohe waren in Begleitung. Vorgestern hatte ich Audienz im Vatikan, zum erstenmal meines Hierseins, wo mich der Papst mit einer Kamee der Madonna beschenkte".

Pius IX. galt – wie sein Nachfolger Benedikt XVI. – als ein Papst von hohem Kunstverstand und großer musikalischer Leidenschaft. So berichtet Gioacchino Rossini in einem Brief aus dem Jahre 1866: „Ich weiß, dass er Musik liebt, und ich weiß auch, dass ich ihm nicht unbekannt bin; jemand, der ihn ‚Siete Turchi, non vi credo' beim Spazierengehen im Garten des Vatikans singen hörte, näherte sich ihm, um ihm wegen seiner

Stimme und der feinen Art und Weise, wie er sie verwendete, Komplimente zu machen. Darauf antwortete Seine Heiligkeit: ‚Mein Lieber, als junger Mann sang ich immer die Musik von Gioacchino Rossini'."

Am 25. April 1865, dem Fest des Evangelisten Markus, empfing Franz Liszt unweit des Petrusgrabes die Niederen Weihen. Er wohnte bei Titularerzbischof Gustav Adolf von Hohenlohe-Schillingsfürst, dem Großalmosenier des Papstes, im Apostolischen Palast, gegenüber den Stanzen Raffaels. Hohenlohe selbst erteilte ihm in seiner Hauskapelle die Weihen. Liszt blieb bis Mitte Juni 1866 im Vatikan wohnen und kehrte dann auf den Monte Mario zurück. Dort beendete er am 1. Oktober 1866 sein Oratorium „Christus" – im darauffolgenden Jahr wurde es in der Ewigen Stadt von seinem Schüler Sgambati aufgeführt. Im Herbst 1867 übersiedelte der Abbé in das Kloster Santa Francesca Romana beim Forum Romanum. Er war begeistert von diesem neuen Wohnort, wo er mit Blick auf das Kolosseum und inmitten der Tempel und Ruinen der römischen Antike „das Geschenk der Weltgeschichte erleben darf" (Franz Liszt).

Vom Jahr 1868 an war er ständiger Gast des nunmehrigen Kardinals Hohenlohe in der Villa d'Este in Tivoli. Jahre hindurch verbrachte er dort zumeist die Herbst- und Wintermonate. Am 21. Mai 1874 schrieb er an den Regensburger Domkapellmeister Haberl: „Ich erlaube mir, Eure Hochwohlgeboren einzuladen, die nächsten Monate mit mir in der Villa d'Este zu verweilen, wo Sie Ruhe, friedsames Behagen, milde Luft, herrliche Landschaft, angenehme Spaziergänge, wohlbekommende Kost, guten Wein, Bücher, Musikalien, Klaviere, dem Gebrauch ad libitum, und geistig zuträgliche Temperatur finden werden. Cardinal Hohenlohe beauftragt mich, Sie bestens zu

bewillkommen, was mit wahrhafter Freude bestellt wird".
Auch Franz Liszts Beziehungen zum Vatikan bleiben eng, in
seinen Briefen berichtet er des öfteren von Privataudienzen,
die ihm vom Papst gewährt wurden.

Liszts lange Aufenthalte in der Villa d'Este, der Ruhe und
Abgeschiedenheit der Landschaft Tivolis, fanden durch die Berufung an das Konservatorium in seinem Heimatland Ungarn
und seine neu aufgenommenen Beziehungen zum Weimarer
Hof immer größere Unterbrechungen und schließlich ein Ende. Mitte Dezember 1884 war er wieder für einige Zeit in Rom,
und im November 1885 kam er zum letzten Mal in die Ewige
Stadt und blieb über Weihnachten und Neujahr im Hotel Ali-
bert. Nach seiner großen Reise im Frühjahr 1886 nach Antwer-
pen, Paris, London und Sankt Petersburg kehrte er im Mai
nach Weimar zurück. Ein beginnendes Augenleiden machte
sich bemerkbar und in Bayreuth, wo er zu den Festspielen noch
anwesend sein wollte, wurde seine Sorge, an den Augen ope-
riert werden zu müssen, von ihm genommen. Nach kurzer
Krankheit verstarb der Abbé Franz Liszt am 31. Juli 1886, versehen mit den Tröstungen der katholischen Kirche.

Sitting Bull und der Papst

Der September des Jahres 1860 setzte einen bedeutsamen Schritt in der staatlichen Einigung Italiens, er leitete mit einem blutigen Gefecht bei Castelfidardo (Marken) das Ende des alten Kirchenstaates ein. Und am 25. Juni 1876 erlebten die USA die demütigendste militärische Niederlage ihrer Geschichte in der Schlacht bei Little Big Horn. Die beiden so unterschiedlichen Ereignisse haben Berührungspunkte – einen irischstämmigen Offizier, zwei päpstliche Auszeichnungen und Sitting Bull.

1872 waren in den Black Hills, im Gebiet der Sioux und Cheyenne, Goldvorkommen entdeckt worden. Als die Indianer sich weigerten, das Land an die Regierung zu verkaufen, wurde es trotz eines zehn Jahre zuvor geschlossenen Vertrages, der ihnen den Besitz uneingeschränkt garantierte, in Staatseigentum „überführt". Die Ureinwohner des Landes wurden aufgefordert, sich in für sie geschaffene Reservate zu begeben. Die Stammesoberen organisierten daraufhin den Widerstand gegen den weißen Ursupator. Unter den Führern der Sioux- und Cheyenneindianern ragte ein Mann heraus, der Häuptling und Medizinmann der Hunkpapa, Tatankana Iyotanka („Ein Büffel-Bulle, der ständig unter uns weilt"). Von den Weißen „Sitting Bull" genannt, sollte er einer der berühmtesten Indianer in der Geschichte Nordamerikas werden.

Im Juni 1876 versammelte sich die größte indianische Kriegsmacht, die es je gegeben hatte, im Rosebud-Tal, um zum

Little Big Horn River zu ziehen. General George Armstrong Custer, der an der Spitze des 7. Kavallerieregiments stand, hatte den Auftrag erhalten, die Bewegungen der Indianer aufmerksam zu beobachten. Vom Armeekommando war die Order ausgegeben worden, keinesfalls ohne Verstärkung gegen das Indianerlager beim Little Big Horn vorzugehen. General Custer, für seine Überheblichkeit bekannt, ignorierte die Anweisungen seiner Vorgesetzten. Er teilte seine Kavallerie in drei Abteilungen auf und befahl, die Indianer von verschiedenen Seiten aus anzugreifen. Zwei der Abteilungen wurden von der gewaltigen Kriegsmacht der Sioux und Cheyenne zurückgeschlagen; viele der Soldaten starben im Pfeil- und Kugelhagel. Der General geriet mit der Abteilung, die er selber befehligte, in einen Hinterhalt.

Von den 226 Männern des Generals überlebte kein einziger die Schlacht. Alle Soldaten General Custers wurden von den Indianern skalpiert und auf entsetzliche Weise verstümmelt – bis auf eine Ausnahme. Der Leichnam von Myles Walter Keogh, eines aus Irland stammenden Offiziers, wies nur diejenigen Verletzungen auf, die zu seinem Tod geführt hatten. Nicht das geringste Anzeichen für eine Misshandlung war zu sehen. Keogh trug um seinen Hals ein auffälliges Skapulier, das man bei oberflächlicher Betrachtung für einen indianischen Medizinbeutel hätte halten können. Als man es später öffnete, fiel eine kleine Wachsscheibe heraus. Sie zeigte das Bildnis eines Lammes mit der Siegesfahne und das Wappen Papst Pius' IX. Bei dem Inhalt des Skapuliers handelte es sich um das „Agnus Dei", um ein vom Papst eigenhändig geweihtes Medaillon.

Myles Walter Keogh hatte 1860 in der kleinen Armee Pius' IX. gedient – als „2nd Lieutenant" in dem aus Iren bestehenden „Battaglione di San Patrizio – Bataillon des heiligen Patrick". Nach der Auflösung der Einheit im Jahre 1861 war der mit hohen päpstlichen Orden dekorierte Offizier von Msgr. John Hughes, dem Erzbischof von New York, für die Nordstaatenarmee angeworben worden. Bevor Keogh die Ewige Stadt verließ, empfing ihn der Papst in Audienz. Der Heilige Vater fragte den Iren, ob er noch einen Wunsch habe. Myles Walter Keogh kniete vor dem Papst nieder und bat ihn um ein „Agnus Dei". Papst Pius IX. entsprach der Bitte.

Das „Agnus Dei", das Keogh aus der Hand Pius' IX. empfangen hatte, konnte ihn nicht vor dem Verlust des Lebens bewahren. Das Medaillon aber bewirkte auf sonderbare Weise, dass der Leichnam des Soldaten nicht entstellt wurde. Sitting Bull hatte vor dem toten Offizier gestanden, ihn eigenhändig getötet. Das Skapulier mit seinem kostbaren Inhalt hatte den Medizinmann fasziniert, eigentümlich berührt und bewogen, das Skalpieren und Verstümmeln des Iren zu verbieten. Den Beutel mit seinem Inhalt an sich zu nehmen, hatte der Häuptling aus einer unerklärlichen Furcht heraus nicht gewagt.

Im April 1877 floh Sitting Bull mit 1.200 Sioux über die Grenze nach Kanada. Mit weniger als 200 Gefolgsleuten kehrte er im Juli 1881 in die Vereinigten Staaten zurück, nachdem die US-Regierung eine Amnestie angekündigt hatte. Der Häuptling ergab sich der US-Armee: er wurde trotz gegenteiliger Versprechen nach Fort Randall gebracht und für zwei Jahre als Kriegsgefangener festgehalten. 1885 konnte ein ehemaliger Pony-Express-Reiter und Postkutscher namens William „Buffalo Bill" Cody Sitting Bull überreden, ihn auf seiner Wildwest-Show zu begleiten. Der Regierungsbeauftragte für das Fort, Major McLaughin, gab bereitwillig die Erlaubnis hierzu – mit der

Absicht, die immer noch einflussreiche Identifikationsfigur der Indianer auf bequeme Weise loszuwerden, und in der Hoffnung, sie der Lächerlichkeit preiszugeben. So tingelte der stolze Krieger von Little Big Horn für 50 Dollar pro Woche durch die USA und anschließend sogar durch Europa. Dabei machte Buffalo Bill mit seiner Wild-West-Show auch Station in Rom und wurde mit seiner Truppe von Papst Leo XIII. in Audienz empfangen. Der Korrespondent des „New York Herald" berichtete damals nach Amerika: „Unter dem ältesten römischen Adel taucht unvermittelt eine Bande von Wilden mit bemalten Gesichtern, bedeckt mit Federn und Waffen auf. Und als der Papst auf seinem Tragsessel erscheint, da verneigen sich die Cowboys zusammen mit den Indianern."

Seinen Lebensabend verbrachte Sitting Bull in Standing Rock, einem Reservat der Sioux. Als dort Unruhen entstanden, vermutete man den Häuptling als deren Urheber. Indianische Polizisten sollten ihn festnehmen. Am frühen Morgen des 15. Dezember 1890 machten sich Reservatspolizisten auf, Sitting Bull zu verhaften. Die Wut darüber, dass Stammesbrüder im Auftrag des weißen Mannes kamen, um einen der ihren gefangen zu nehmen, führte bei den Bewohnern des Reservates zu einem Tumult. Ein Handgemenge entstand, dann fielen Schüsse. Fünfzehn Indianer verloren ihr Leben. Unter den Toten befand sich auch der gesuchte Häuptling.

Der Leichenbeschauer, der die sterblichen Überreste des legendären Führers der Sioux amtlich zu untersuchen hatte, entdeckte an dem Häuptling einen seltsamen Schmuck. Sitting Bull trug um den Hals eine militärische Auszeichnung. Der Arzt betrachtete sie eingehend und fand auf ihr ein auf dem Kopf stehendes Kreuz mit einer lateinischen Umschrift. Zwar gelang es ihm, die Worte zu übersetzen, da er sie aber nicht einordnen konnte, reichte er die Medaille an einen der anwesenden Offiziere der US-Kavallerie weiter. Der Leutnant, ein aus Irland stammender Katholik, nahm sie entgegen, richtete sein Augenmerk auf sie, runzelte ungläubig die Stirn – und stieß einen Pfiff aus. In seiner Hand lag das päpstliche Verdienstzeichen „Pro Petri Sede". Die Auszeichnung war von Pius IX. denjenigen Soldaten seiner Armee verliehen worden, die sich im September des Jahres 1860 um die Verteidigung des Kirchenstaates verdient gemacht hatten, die bei Castelfidardo, in Perugia, Spoleto und Ancona für die Rechte und die Freiheit des Heiligen Stuhles eingetreten waren.

Der Häuptling hatte das Verdienstzeichen Myles McKeogh, das dieser an seiner Uniform getragen hatte, dem einstigen Soldaten des Papstes und Kämpfer am Little Big Horn, abgenommen und es gleichsam als „Berührungsreliquie" getragen. Es sollte ihm jedoch kein Glück bringen.

„Ein Gerechter unter den Völkern"

Am 19. Mai 1912 wurde in Piobbico, in den italienischen Marken, Pietro Palazzini, eines der verdienstvollsten und angesehensten Mitglieder des Kardinalskollegiums, geboren. Der Purpurträger entstammte einfachen Verhältnissen; der Vater war Droschkenkutscher, die Mutter Schneiderin. Während seines Studiums im „Seminario Pio XI" der Diözese Fano erhielt er ein Stipendium, mit dem er in das römische Priesterseminar wechselte und an der Päpstlichen Lateranuniversität die Kurse in Theologie und kirchlichem wie weltlichem Recht belegte. Er erwarb ausgezeichnete Doktorate in beiden Disziplinen. Nach einem Jahr als Vizedirektor des bischöflichen Seminars von Cagli wurde er nach Rom zurückberufen und bekleidete dort von 1942 bis 1945 das Amt eines Assistenten und Vizerektors des „Seminario Romano Maggiore" beim Lateran.

1962 verlieh ihm Papst Johannes XXIII. die Würde eines Titularerzbischofs von Cäserea (Kappadozien); die Bischofsweihe spendete ihm einen Monat später der Heilige Vater höchstpersönlich. Pietro Palazzini übernahm zahlreiche wichtige Ämter an der Römischen Kurie. 1973 empfing er den Kardinalshut. Im Juni 1980 ernannte ihn Papst Johannes Paul II. zum Präfekten der Kongregation für die Heiligsprechungsverfahren. Beachtlich ist, was Palazzini auf wissenschaftlichem und publizistischem Gebiet leistete. Er war einer der Herausgeber des 12-bändigen hagiographischen Standardwerkes „Bibliotheca Sanctorum" und Gründer der theologischen Zeitschrift „Studi Cattolici".

1985 waren viele Katholiken überrascht, als sie erfuhren, dass der Kardinal mit der höchsten Ehrung bedacht wurde, die der Staat Israel an Nicht-Juden verleiht. Am 19. August 1953 war im israelischen Parlament, der Knesset, das „Gesetz zum Andenken an die Märtyrer und Helden – Yad Vashim" verabschiedet worden. Mit ihm wurde die Gründung einer Holocaust-Gedenkstätte erwirkt, in der man der Opfer der Shoa, aber auch der Nichtjuden gedachte, die sich in dieser dämonischen Zeit als „gerecht" erwiesen hatten. Eine hochrangige Kommission unter der Leitung des Obersten Gerichtshofes des Staates Israel verleiht an Menschen, die unter Einsatz ihres eigenen Lebens Juden vor dem Tode bewahrten, den Titel „Gerechter unter den Völkern".

Das, was in jüdischen Augen von todesverachtendem Mut, konsequentem Handeln und tiefer Menschlichkeit zeugte, hatte sich in den Jahren 1943 bis 1944 in Rom zugetragen, als Don Pietro Palazzini im Priesterseminar der Diözese des Papstes, dort die Ämter eines Assistenten und Vizerektors innehatte. Über die Geschehnisse, die sich in der Zeit der deutschen Besatzung Roms in seiner Arbeitsstätte ereigneten, schwieg der Purpurträger zumeist. Erst 1995 konnte man ihn dazu bewegen, seine Erinnerungen aufzuschreiben; er gab ihnen die Überschrift „Il Clero e l'occupazione tedesca di Roma. Il ruolo del Seminario Romano Maggiore – Der Klerus und die deutsche Okkupation Roms. Die Rolle des römischen Priesterseminars".

Viele Menschen, die um ihr Leben fürchten mussten, fanden im Vatikan, in dessen exterritorialen Besitzungen und in vielen katholischen Ordenshäusern Unterschlupf – die Order hierzu war aus dem Apostolischen Palast, von Papst Pius XII. höchstpersönlich, gekommen. Auch am Lateran richtete man sich auf einen Zustrom von Flüchtlingen ein. Die exterritoriale Zone bei der Bischofskirche des Papstes umfasste die Basilika, das Gebäude der „Scala Santa" (Heilige Stiege), den Apostolischen Palast, die Residenzen der Kanoniker und Beichtväter, die Universität und das römische Priesterseminar. Jeder, der in der exterritorialen Zone des Laterans Zuflucht fand, hatte eine Erklärung zu unterzeichnen: Er versprach die Neutralität des Vatikanstaates zu respektieren und nichts zu unternehmen, was dieser Neutralität hätte schaden können.

Oft war es Pietro Palazzini, der gefährdete Personen in den sicheren Lateran brachte. In der zweiten Septemberhälfte des Jahres 1943 bat ihn der Rektor, die Wohnung eines Geistlichen in der Via Cernai, Nr. 14, aufzusuchen. Dort befände sich eine Person, die so schnell wie möglich in Sicherheit gebracht werden müsse. Im Haus von Monsignore Barbieri, einem Beamten der römischen Kurie, traf er auf seinen Schutzbefohlenen. Der Unbekannte setzte sofort eine Sonnenbrille auf; dann verließen sie das Haus. Da ihnen kein Auto zur Verfügung stand, fuhren sie mit der Linie 16 der römischen Straßenbahn in Richtung Lateran. Die Fahrt verlief ohne Zwischenfälle, sodass Palazzini seinen Begleiter bald zu seinem Zimmer im Seminar führen konnte. Der Neuzugang war kein Geringerer als der italienische Sozialistenführer Pietro Nenni.

Noch viele andere Personen, die später im italienischen Staat an entscheidender Stelle Verantwortung übernahmen, sollten im Seminar Aufnahme finden. Ein weiterer berühmter Politiker war „Porta". Er hatte sich so genannt, weil an seiner Zimmertür immer noch der Name des Seminaristen, der hier seine Kammer gehabt hatte, stand: Don Alfonso Porta. Hinter dem Pseudonym verbarg sich Alcide De Gasperi, der Mitbegründer

der „Democrazia Cristiana", der Christdemokratischen Partei. Und fast die gesamte Führungsgruppe des „Comitato Liberazione Nazionale – C.L.N." (Komitee zur Nationalen Befreiung), an ihrer Spitze der ehemalige Ministerpräsident Italiens, Ivanoe Bonomi, lebte im römischen Priesterseminar.

Ein Blick auf die Berufe der Personen, die Unterschlupf im römischen Seminar fanden, zeigte ein breites soziales Spektrum: im Hause befanden sich Ex-Minister und Angehörige des Adels, Senatoren, Generäle und einfache Soldaten, Professoren und Studenten, Ärzte, Ingenieure, Unternehmer, Kaufleute, Angestellte und Arbeiter. Im Seminar selbst fanden 200 Verfolgte Zuflucht, auf dem gesamten Gebiet der exterritorialen Zone des Laterans waren es 1068 Menschen. Palazzinis besondere Sorge galt den jüdischen Mitbürgern, denen er im römischen Priesterseminar eine sichere Heimstätte gegeben hatte. Diese Mitmenschen mosaischen Bekenntnisses waren aber nicht die einzigen ihres Volkes, die ihr Leben Pietro Palazzini zu verdanken hatten. Über weitere Namen und die nicht ungefährlichen Aktionen zur Rettung von Juden schwieg der Kardinal beharrlich. Aber es dürften sehr viele mehr gewesen sein, die dank seiner Bemühungen der Folter in der Via Tasso, dem Sitz der Gestapo und des SD, entgingen und denen der Weg in die Todeskammern der Konzentrationslager erspart blieb.

Zu einer nicht abzuschätzenden Gefahr für die exterritoriale Zone des Laterans wurde der unfreiwillige Aufenthalt einer der wichtigsten Personen des italienischen Widerstands. General Roberto Bencivenga hatte sich in den Lateran begeben, um zu einem kurzen Gespräch mit Ivanoe Bonomi zusammenzutreffen. Beim Verlassen des Seminars rutschte er auf dem glatten Marmorboden aus; er fiel so unglücklich, dass er sich den

Oberschenkel brach. Den General in ein Krankenhaus zu bringen, ohne dass er Gefahr lief, in die Hände der Nazis zu fallen, schien unmöglich. Palazzini entschied sich spontan, den General im Seminar zu verstecken und ihn dort behandeln zu lassen.

Auch in eine weitere gefährliche Situation war Palazzini persönlich involviert (später betrachtete er sie eher mit einer gewissen Heiterkeit). Pietro Nenni hatte im Seminar begonnen, die Geschichte der Sozialistischen Partei zu schreiben. Bevor er das Seminar aus Sicherheitsgründen verließ, übergab er seine Aufzeichnungen Palazzini. Der Priester wollte in diesen unsicheren Tagen die Blätter nicht im Hause deponieren. Er überlegte, wo er das Manuskript verstecken könnte. Er ging dann in den großen Verschlag, in dem Kühe und Schweine zur Versorgung des Laterans untergebracht waren; dort schob er es provisorisch zwischen die Strohballen.

Die folgende Zeit war so ereignisreich, dass er auf Nennis Niederschrift vergaß. Eines Tages kam der Kuhhirte zu ihm, vor Aufregung am ganzen Leib zitternd. Als er die Tiere mit Stroh füttern wollte, hatte er das Manuskript gefunden und auf dem Titelblatt den Namen Nennis gelesen. Die Person, zu der er am meisten Vertrauen hatte, war Palazzini, und so ging er mit seinem brisanten Fund zu ihm. Zur Erleichterung des Priesters sprach der verängstigte Kuhhirte mit niemandem über die Angelegenheit. Am 5. Juni 1944 ließ Palazzini das Manuskript seinem Besitzer wieder zukommen.

Viele, denen das „Seminario Maggiore Romano" Zuflucht geboten hatte, vergaßen nach der Befreiung Roms ihre Wohltäter nicht. Das Seminar erhielt schon in den Tagen, die auf den 4. Juni 1944 folgten, eine Reihe von Dankesschreiben; unter diesen befanden sich Briefe von Alcide De Gasperi, Roberto Bencivenga und Pietro Nenni. Pietro Palazzini und viele andere Priester der Ewigen Stadt waren keine Männer, die Ehre suchten. Das, was sie taten, empfanden sie als selbstverständlich. Es kam ihnen nicht in den Sinn, in ihrem Handeln etwas anderes zu sehen, als das, was von ihnen als Christ und Priester gefordert war. Von all diesen stillen Helden war immer nur zu hören: „Wir haben doch nur unsere Pflicht getan!"

Vatikanisch-Römisches Brauchtum

Päpstliche Wasserspiele

Rom, wie auch ganz Mittel- und Süditalien, litt im Sommer 2017 unter einer beispiellosen Trockenheit. In der Ewigen Stadt drohte das Wasser knapp zu werden; sogar eine Rationierung wurde erwogen.

Der Vatikan entschloss sich medienwirksam zu einer demonstrativen Geste. Die Verwaltungsbehörde des Kirchenstaates ließ die beiden monumentalen Fontänen auf dem Petersplatz wie auch die 100 übrigen Brunnen in der Vatikanstadt abschalten. Man begründete diesen ungewöhnlichen (vermutlich nicht notwendigen) Schritt mit dem Eintreten des Heiligen Vaters für die Umwelt. Papst Franziskus hatte in seiner Enzyklika „Laudato Si" sauberes Trinkwasser als Gut ersten Ranges bezeichnet, das unerlässlich für das menschliche Leben und die Aufrechterhaltung der Ökosysteme zu Land und zu Wasser sei.

In den vergangenen Jahrhunderten waren es die Päpste gewesen, die sich um die Versorgung Roms mit Wasser verdient gemacht hatten. Von ihnen wurde das imponierende Netz, das der Stadt bereits in der Antike die Wasserzufuhr sicherte, erneuert und perfektioniert. So ließ Papst Paul V. (1605-1621) eine aus dem See von Bracciano kommende antike Wasserleitung wiederherstellen, die seitdem seinen Namen trägt. Die „Acqua Paola" wurde auch für die Residenz der Päpste zur Lebensader. Bei der Villa Carpegna zweigte eine Nebenleitung ab, in der eine Wassermenge von 1050 römischen Unzen (243 Liter) in der Sekunde zum Vatikan floss, wo sie auf die Brunnen in den päpstlichen Gärten und auf dem Petersplatz verteilt wurden.

Im Jahre 1897 gab der reichliche Zufluss der „Acqua Paola" Papst Leo XIII. die Möglichkeit, das erste vatikanische Elektrizitätswerk zu errichten. Es bestand aus einer Wasserturbine, die bescheidene sieben Kilowatt erzeugte, aber die elektrischen Lampen des Apostolischen Palastes mit dem nötigen Strom versorgen konnte. Die Turbine war mit einem Generator von 25 PS und einer kleinen Akkumulatoren-Batterie verbunden. Gegen Ende der Regierungszeit des Papstes wurde die Wasserkraft auch für den Aufzug im Palast genutzt, der die Staatsgäste des Vatikans in die päpstlichen Gemächer transportierte.

1929, fast sechs Jahrzehnte nach dem Ende des alten Kirchenstaates, entstand der souveräne „Staat der Vatikanstadt". Dieser sollte nach dem Willen Pius' XI. zu einem mustergültigen Staatswesen werden – mit einer effizienten Wasserversorgung. Der Pontifex ordnete ein hochmodernes Verteilungsund Drainagesystem an. Auf dem höchstgelegenen Terrain der Vatikanstadt entstand eine 3 Mio. Liter Wasser fassende aus dem Lago di Bracciano gespeiste Zisterne, die durch ein 85 km langes Verteilungsnetz die Bewässerung der gesamten Gartenanlage und ihrer Brunnen garantiert. Bei der Palazzina Leos XIII. wurde eine weitere Zisterne mit einem Fassungsvermögen von 4 Mio. Liter Trinkwasser errichtet, um die Versorgung aller Büros und Wohnungen in der Vatikanstadt zu gewährleisten. Die in den dreißiger Jahren des vergangenen Jahrhunderts vorgenommenen Arbeiten sind noch heute substanziell für die Wasserversorgung des Vatikans.

Im Laufe der Jahrhunderte haben die Päpste im Schatten von Sankt Peter eine einzigartige Brunnenwelt geschaffen. Die kleinen und großen „Fontane" waren Trinkwasserquellen für

Mensch und Tier, ermöglichten eine vielfältige Pflanzenwelt, verschafften dem Papst, seinem Hofstaat und auch der Bevölkerung Orte der Erholung und der Muße – darüber hinaus illustrierten sie auf ganz außergewöhnliche Weise und in einer aussagestarken Symbolik die Rolle der Nachfolger Petri in der Geschichte.

Mitten in den päpstlichen Gärten, ganz in der Nähe des Alterswohnsitzes von Benedikt XVI. präsentiert sich die „Fontana dell'Aquilone". Der Adlerbrunnen ist der größte der Vatikanstadt. Er huldigt dem „Wasserbringer" Roms, Paul V., und wurde von Jan van Santen (Vasanzio) angelegt. Hoch oben über einer künstlichen Grottenlandschaft erhebt sich ein mächtiger Adler, und zwei Greifen speien Wasser in ein ovales Becken. Adler und Greif sind die Wappentiere des Hauses Borghese. Dass ein Papst aber auch für geistliche Nahrung zu sorgen hat, zeigt ein weiterer Brunnen Pauls V., der Brunnen des Allerheiligsten Sakramentes. Das Wasser schießt strahlenförmig aus dessen Mitte, eine Monstranz imitierend, hervor.

Die Wehrhaftigkeit der Bischöfe von Rom bezeugt die „Fontana della Galera" beim Palazzetto del Belvedere. In diesem Brunnen hat sich die Nachbildung eines päpstlichen Galeerenschiffes positioniert. Die Kanonen der Miniatur aus Blei schießen statt Kugeln Wasserstrahlen aus ihren Rohren. Eine am Brunnen angebrachte lateinische Inschrift Maffeo Barberinis, des späteren Papstes Urban VIII. (1623-1644), verdeutlicht, dass sich der Vatikan vor allem der Verteidigung und der Erhaltung des Friedens verpflichtet sah: „Bellica pontificium non fundit machina flammas sed dulcem belli qua perit ignis aquam – Die päpstlichen Kriegsschiffe speien keine Flammen, sondern süßes Wasser, in dem das Feuer des Krieges erlischt."

Von ganz anderen „Kriegsspielen" erzählt der Bienen-Brunnen beim Sant'Anna-Tor zu Anfang der Via del Pellegrino. Um seine „Vaterschaft" stritten sich zwei weltberühmte Künstler. „Der Bienen-Brunnen ist das Werk meiner Hände, aber Gian Lorenzo hat sich das Verdienst dafür zugeschrieben", klagte Francesco Borromini in einem heftigen Streit. Für gewöhnlich wird das Werk ausschließlich Bernini zugeschrieben; und nachweislich hat er zwar einen Entwurf geschaffen, doch die bildhauerische Arbeit dürfte tatsächlich Borromini übernommen haben, der damals als Steinmetz in der Werkstatt seines Kontrahenden wirkte. Der Brunnen entstand auf Geheiß Urbans VIII. (1623-1644). Seinen Namen hat der Brunnen vom Familienwappen der Barberini: drei Bienen auf blauem Grund. Sein Wasser entströmte ursprünglich den steinernen Honigbereitern, die ihn schmückten; heute fließt es aus einem Bronzespeier.

Am 5. Juni 2010 weihte Benedikt XVI. beim Platz vor dem Governatoratspalast den 100. Brunnen der Vatikanstadt ein. Er ist nach dem hl. Josef, dem Taufheiligen des Papstes, benannt und zeigt auf Tafeln Episoden aus dem Leben des Nährvaters Jesu. Für Benedikt XVI. erinnert er so „symbolisch an die Werte der Einfachheit und der Demut bei der täglichen Erfüllung des Willens Gottes". Papst Franziskus ist noch kein eigener Brunnen gewidmet worden. Doch die Brunnen des Vatikans begleiten ihn tagtäglich. Jedes Mal, wenn er sein Domizil im päpstlichen Gästehaus verlässt, sieht und hört er die kleine „fontana" auf der Piazza Santa Marta.

Auch ohne den Vatikan zu betreten, kommt man – nur wenige Schritte vom Palast der Glaubenskongregation entfernt, auf der Höhe der Via di Porta Cavalleggeri – in den Genuss von päpstlichem Trinkwasser. An der wehrhaften Mauer des Vatikans bietet ein Brunnen Labung. Hier standen einst Kaserne und Reitstall der leichten Kavallerie des Papstes – übriggeblieben ist heute nur der Wasserspender des Areals. Ihn, so verrät eine lateinische Inschrift, ließ Pius IV. (1560-1565) „zum öffentlichen Nutzen und zur Zweckmäßigkeit der berittenen Leibgarde" errichten. In unseren Tagen steht er noch immer in Diensten, jedoch mit dem Vorteil, dass ihn sich heute Mensch und Tier nicht mehr teilen müssen.

Auf der Via della Conciliazione, beim Palazzo della Rovere, dem heutigen Hotel Columbus, kann man sich aus dem Maul eines „Dragone" (Drachen), des Wappentiers Pauls V., mit einem kühlen Schluck Wasser erfrischen. Wer von der Engelsburg aus durch den Borgo Pio zum Vatikan hinaufschlendert, trifft auf halber Höhe den letzten im alten Kirchenstaat errichteten Brunnen. Pius IX. hatte seinen Bau noch in dem Jahr, als die Truppen des italienischen Königs in die Ewige Stadt einmarschierten (1870), angeordnet und erlebt. Heute steht der Brunnen, was Erfrischungen angeht, mit einer nahe gelegenen Eisdiele im Wettbewerb.

Und beim Passetto, dem historischen Fluchtgang vom Vatikan zur Engelsburg, zollt sogar Italien der päpstlichen Sorge um das Wasser in der Ewigen Stadt seinen Respekt. Der mit drei Tiaren (Papstkronen) geschmückte Brunnen wurde von der römischen Stadtverwaltung errichtet, als sich der Heilige Stuhl und Italien im Februar 1929 aussöhnten und der Vatikanstaat entstand.

„Tu scendi dalle stelle"

Jedes Jahr im Dezember bevölkern Musiker in schlecht sitzenden Santa-Claus-Kostümen die Straßen und Plätze Roms. Die Blechbläser, Akkordeonspieler und Besitzer eines Banjos sind davon überzeugt, mit „Jingle Bells", „Feliz Navidad" und „I saw Mommy kissing Santa Claus" die Passanten zu erfreuen.

In Rom waren es in früheren Zeiten die „pifferari" (Pfeifenbläser), die musikalisch durch den Advent und die Weihnachtszeit führten; sie kamen in die Stadt am Tiber, um durch ihr Spiel das karge Einkommen eines Schäfers des römischen Umlandes aufzubessern. „Die Pifferari sind Hirten aus der Campagna, welche um Weihnachten nach Rom kommen und auf Dudelsäcken und Schalmeien vor jedem Madonnenbilde eine wundersam rührende, uralte Melodie blasen. Sie sagen, es sei der Gesang, mit dem die Hirten die Geburt des Christkindes begrüßten. Von früh bis spät kann man die Pifferari sehen, Greise, Männer und Knaben, in kurze, braune Tuchmäntel gehüllt, den spitzen Hut mit Bändern und Federn geziert, die Füße mit Sandalen bekleidet, ihre Melodien spielend hier und dort", notierte Fanny Lewald zu Beginn des 19. Jahrhunderts in einem ihrer Reiseberichte.

Das Spiel der Pifferari erklang auf der Ciaramella und der Zampogna, Instrumenten, die schon in der Antike bei Hirten und Schäfern in Gebrauch waren. Die Ciaramella, auch „piffero" genannt, ist eine Art Schalmei. Sie besteht aus einem konischen Rohr mit sechs Löchern auf der Oberseite und einem weiteren Loch auf der unteren Seite, das mit dem Daumen zugehalten wird. Die Zampogna hat sich aus der antiken „tibia utricularis" entwickelt. Dieser Dudelsack besteht aus einem zusammengenähten Bocksfell, das mit Luft gefüllt wird; er hat im allgemeinen drei Pfeifen, von denen zwei ununterbrochen den Grundton hören lassen, während die dritte mit einem einfachen oder doppelten Mundstück und mit Löchern versehen ist, so dass man die schwingende Luftsäule ändern und Melodien spielen kann. Unter der Bezeichnung „symphonia" wird der Dudelsack schon beim Propheten Daniel erwähnt, als Musikinstrument am Hofe Nebukadnezars.

Die Pifferari und ihre Musik fanden Einzug in die Werke namhafter Komponisten. Corelli, Händel, Mozart, Berlioz und Gounod waren von der eigentümlichen Hirtenmusik zutiefst berührt und ließen sich von ihr inspirieren. „Ich habe die Pifferari in ihrer Heimat gehört, und wenn ich sie schon in Rom so bemerkenswert gefunden habe, wie viel stärker war die Gemütsbewegung, die ich von ihnen in dem wilden Gebirge der Abruzzen empfing, wohin mich meine Wanderlust geführt hatte", berichtete Hector Berlioz (1803-1869).

Aber nicht jede Berühmtheit war ein dankbarer Zuhörer. Henri-Marie Beyle (1783-1842), besser bekannt unter seinem Pseudonym „Stendhal", konnte den musikalischen Darbietungen der Pifferari nichts Gutes abgewinnen. Als der französische Dichter und Diplomat im Dezember 1827 in Rom weilte, klagte er: „Seit vierzehn Tagen werden wir um vier Uhr früh von den Pifferari geweckt. Diese Leute können einem die Musik verleiden. Es sind Bauerntölpel, die aus dem Gebirge herabkommen, um aus Anlass der Geburt des Heilands vor den

Madonnen Roms Serenaden zu spielen. Sie kommen 14 Tage vor Weihnachten an und ziehen 14 Tage danach wieder weg. Man gibt ihnen zwei Paoli für eine Serenade, die sie neun Tage hintereinander morgens und abends spielen. Es gibt nichts Trübsinnigeres als das Gedudel dieser Pfeiffer." Ein päpstliches Dekret verschaffte Stendhal ein wenig Genugtuung: „Leo XII. ließ den Pifferari befehlen, seine Untertanen nicht vor vier Uhr aufzuwecken."

Mit dem Ende der päpstlichen Herrschaft über Rom im Jahre 1870 fand das Spiel der ländlichen Musikanten ein vorläufiges Ende – die neuen Herren der Ewigen Stadt fanden es zu provinziell und nicht mehr zeitgemäß. Erst im 20. Jahrhundert durften die Römer den Klängen der Pifferari wieder lauschen. „Unten an der großen Treppe von Aracoeli sind schon die Hirtenfeuer zu sehen, und die Schalmeien tönen. Auch dieses Jahr sind die Hirten von den Abruzzen wieder in die Stadt herunter gekommen, gekleidet in Felle, mit Schuhen aus Rinde und Bast. In ihren Schnappsäcken haben sie auch dieses Jahr wieder ein wenig von ihrem scharfen Käse, ein bisschen Salami und Rotwein ... Vor dem Kircheneingang liegt, mit der Krempe nach oben, ein verwaschener Hut, in den die Kirchenbesucher eine Kleinigkeit hineinwerfen, damit die Wiegenmusik weitergeht", schrieb Reinhard Raffalt in seinem „Concerto Romano".

Trotz dieses literarischen Denkmals ist das Spiel der Pifferari heute zur Nostalgie geworden, auch wenn man sich in Rom und Latium mit großem Engagement um dieses musikalische Erbe bemüht. Viele Folkloregruppen haben sich zur Aufgabe gesetzt, die alten Melodien nicht sterben zu lassen. Seit einigen Jahren finden sich Pifferari auch wieder im Vatikan ein. Sie erscheinen zur letzten Generalaudienz, die der Papst vor dem Weihnachtsfest gibt. Papst und Pifferari verbindet Italiens berühmtestes Weihnachtslied „Tu scendi dalle stelle". Die berührende Melodie des Liedes entstammt der Tradition der Pifferari und wurde vom heiligen Alphons Maria von Liguori (1696-1787) geschaffen, der es zum Weihnachtsfest des Jahres 1755 komponiert hatte. Die Worte aber, die der Heilige seiner Pastorale im neapolitanischen Dialekt beigefügt hatte, konnten sich nicht durchsetzen. Den Text, der dem Lied seinen Namen gab, verfasste kein geringerer als Papst Pius IX. Für die Verbreitung von „Tu scendi dalle stelle" trugen dann wieder die Pifferari Sorge. Von den Straßen drang das Lied in die Häuser und Kirchen, und wurde dort heimisch. Bis zum heutigen Tag ist es Italiens beliebtester Weihnachtsgesang.

Musikalisch sind es in unseren Tagen die Päpstliche Schweizergarde und das Gendarmeriekorps des Vatikanstaates, die Rom und den Vatikan mit adventlichen und weihnachtlichen Melodien versorgen. Im Alltag sind die Armee und die Polizei des Papstes „Konkurrenten" um die Sicherheit des Heiligen Vaters, und sie sind es auch in der festlichen Einstimmung auf die Feier der Geburt Christi. So hat in den letzten Jahren ein kleiner Wettstreit um die musikalische Begleitung der Großereignisse auf dem Petersplatz begonnen. Den Verantwortlichen im Apostolischen Palast ist es jedoch mit viel Geschick gelungen, den Weihnachtsfrieden vor der Fassade der Basilika des Apostelfürsten zu gewährleisten. Ankunft und Aufstellen des Christbaums, das erstmalige Anschalten der Lichter, die Eröffnung der großen Krippe und ihr Besuch durch den Heiligen Vater werden gerecht zwischen den Musikkapellen der beiden Korps aufgeteilt.

In der vollbesetzten Kirche des deutschen Kollegs beim Campo Santo Teutonico gaben vor Jahren Musikanten der Schweizergarde alljährlich ein adventliches Konzert. Im Advent und zu Weihnachten umrahmen sie die gardeinternen Feiern in der Kaserne. Wenn der Heilige Vater nach dem Te Deum am Silvesterabend der Krippe auf dem Petersplatz seine Aufwartung macht, lässt das Gardespiel festliche Melodien erklingen. Mit der Schweizer Harfenistin Daniela Lorenz spielte das Bläserquintett des Korps in den Studios von Radio Vatikan eine CD mit weihnachtlichen Weisen ein: das beachtliche Repertoire reichte vom „O Heiland, reiß die Himmel auf" über das „Adeste Fideles" bis hin zum „Tu scendi dalle stelle".

Es nimmt kein Wunder, dass nun auch bei den Gendarmen der Ehrgeiz geweckt ist; auch sie haben die Herausgabe eines Tonträgers mit weihnachtlichen Melodien angepeilt. „Und mit Liedern der Muttergottes" trumpft der Chef der „Banda", der Kapelle, auf. In der Vorweihnachtszeit ist die Kapelle der Gendarmerie, die auf gut 100 Musiker – alle Absolventen eines Konservatoriums – zurückgreifen kann, in vollem Einsatz. Am 8. Dezember, wenn der Papst der Muttergottes auf der Piazza di Spagna seine Honneurs macht, spielt sie zu Füßen der Spanischen Treppe auf. In den Pfarreien der Ewigen Stadt, aber auch im römischen Umland, ist sie präsent und bereichert so manches adventliche Konzert mit ihren virtuosen Darbietungen.

Am ersten Weihnachtstag müssen Schweizergarde und Gendarmerie der dritten Blaskappelle des Vatikans den Vortritt geben. Dann nämlich tritt die offizielle Staatskapelle des Kirchenstaates, die „Banda dello Stato della Città del Vaticano", zur musikalischen Umrahmung des Apostolischen Segens „urbi et orbi" an und schmettert beim Verlassen des Petersplatzes ein herz- und ohrenzerreißendes „Tu scendi dalle stelle" auf ihren Instrumenten. Ein wenig ähnelt sie dann den Santa-Claus-Musikern, die kaum 100 Meter entfernt vor den Mauern der Vatikanstadt die nach Hause oder zu den Trattorien strömenden Gottesdienstbesucher mit ihren Klängen empfangen. Und so mancher Musikliebhaber wünscht sich dann, dass von den Sternen nicht das liebreiche Jesuskind herabsteige, sondern ein himmlischer Rächer des guten Geschmackes.

„Mit dem Heiligen Vater Kasse machen"

Der Papst und der Vatikan sind Werbeträger. In vielerlei Hinsicht und seit altersher. Mit ihnen Geschäfte zu machen, kann die Wirtschaft beleben und sogar von karitativem Nutzen sein.

Wer im Borgo Pio, auf der Straße, die von der Engelsburg zum Vatikan führt, unterwegs ist, kann sich bei der Piazza del Catalone an einer ganz besonderen Erfrischung erfreuen. In einer Gelateria lächelt die freundliche Bedienung, wenn man nach einer „coppa papale", einem „Papstbecher", fragt. Sie präsentiert dann ein cremiges Milcheis, das mit einem Hauch Limoncello, einem Zitronenlikör, verfeinert wurde. Ein paar Spritzer des Likörs lassen das Eis in den Farben des Vatikanstaates erstrahlen – und auf Wunsch erhält man noch ein winziges gelbweißes Fähnchen in den Gelato hineingesteckt.

Der Padrone der Eisdiele hat die Köstlichkeit zum Heiligen Jahr der Barmherzigkeit 2016 geschaffen und sie „Giubileo" getauft. Die Gelateria ist noch recht jung, verfügt aber schon über gute Beziehungen zum Vatikan. Zu Festen und besonderen Anlässen liefert sie Sorbets und andere Spezialitäten in die Casa Santa Marta; zum Namenstag des Heiligen Vaters fand eine Eistorte den Weg in das zur päpstlichen Residenz erkorene Gästehospiz. Der Padrone der Gelateria steht in der Tradition derer, die sich bis in die Mitte der 70er Jahre des vergangenen Jahrhunderts mit dem Titel eines „Päpstlichen Hoflieferanten" schmücken durften.

1975, in den Nachwehen der Reformen des Zweiten Vatikanischen Konzils (1962-1965), verschwand diese wohlklingende und begehrte Auszeichnung. Ihr Wegfall hinderte römische und nichtrömische Geschäftsleute jedoch keinesfalls daran, mit dem Papst weiterhin zu werben. Es reichte, wenn der Vatikan aus einer Bäckerei ein spezielles Brot bezog, der Heilige Vater seine Vorliebe für einen bestimmten Wein kund tat oder seine Fußbekleidung von dem Schuhmacher bezog, bei dem er schon als Kardinal Kunde gewesen war. 2005 war ein „Soutanenkrieg" um des Papstes neue Kleider entbrannt; im italienischen Blätterwald stritt der im Borgo Pio beheimatete Soutanenschneider Raniero Mancinelli mit dem Traditionsgeschäft für Klerikerkleidung beim Pantheon, der ehrwürdigen „Sartoria Gammarelli", darum, wer der wahre „Schneider des Papstes" sei.

Doch manche heutige Werbung hat auch alte Wurzeln. In den Verkaufsregalen einiger deutscher Supermärkte findet sich der „Sale dei Papi", das „Salz der Päpste". Der „Sale dei Papi" wird in Cervia (Romagna) gewonnen und gilt als eines der besten Meersalze Italiens. Es ist ein sehr leichtes, aber auch seltenes Salz, das sich auf der Wasseroberfläche bildet und handgeerntet wird. Es verfügt über einen extrem geringen Gehalt an bitteren Chloriden, so dass es ausgesprochen mild und „süß" schmeckt. 1440 wurde Pietro Barbo, der später als Paul II. den Stuhl Petri bestieg, Bischof von Cervia. Auf seinen Wunsch hin begann man, das Salz nach Rom an den Hof des Papstes zu senden. Nach mehr als vier Jahrhunderten endete dieser Brauch mit dem Risorgimento, denn 1860 musste der Kirchenstaat die Romagna an das neue italienische Königreich abtreten. 2003 übernahm die Gemeinde Cervia die Leitung der Salinen und begann, die Tradition früherer Zeiten wiederzubeleben. Seitdem greifen die Köchinnen des Vatikans wieder zum „Sale dei Papi", um die Speisen des Heiligen Vaters zu würzen.

Werbung mit Produkten, die von den Oberhirten der katholischen Kirche konsumiert werden, ist keine Erfindung unserer Zeit. 1863 hatte der korsische Chemiker Angelo Mariani ein belebendes, alkoholhaltiges Getränk kreiert, das aus Rotwein und Extrakten der Cocapflanze bestand. Als „Vin Mariani" trat es seinen Siegeszug überall auf der Welt an. Sogar an europäischen Königshöfen wurde der Mariani-Wein gereicht; der Zar von Russland und Königin Viktoria von Großbritannien tranken ihn mit großem Genuss, ebenso Leo XIII. Der Papst zeigte sich von dem Getränk so begeistert, dass er den Herstellern eine goldene Pontifikatsmedaille zukommen ließ. Das unerwartete Geschenk wurde geschickt vermarktet. In Prospekten, Broschüren und Zeitungsanzeigen bewarb die Firma ihr Produkt mit dem Portrait des Papstes und der von ihm verliehenen „Gold Medal". Der Nachfolger Leos XIII. war dem berauschenden Getränk ebenfalls zugetan – durch Erfahrung klug geworden genoss Pius X. (1903-1914) den „Vin Mariani" jedoch stillschweigend.

Ein mittelständisches sächsisches Unternehmen schuf im August 2011 mit Einverständnis der Stiftung der Vatikanischen Sternwarte, der Vatican Observatory Foundation, einen ungewöhnlichen Zeitmesser: die Armbanduhr „Sacristan". Sie widmete sie dem Lebenswerk und Schaffen von Papst Benedikt XVI. „Sacristan" ist die erste Uhr mit einer Gebetszeitenanzeige; sie ist in der Lage, die sieben Gebetszeiten des katholischen Stundengebets, in drei Zeiträume gruppiert, anzuzeigen. Ein wesentlicher Teil der Einnahmen aus dem Verkauf der

Uhren wird von der Sternwarte für Bildungs- und Forschungs-
initiativen verwendet. Zum Pontifikatsende des Papstes hatte
die Uhrenfirma eine auf 265 Stück limitierte Sonderserie in
Massivgoldausführung angekündigt.

Zum Weltfamilientreffen in Philadelphia (USA) war auch
der Papst angereist. Viele Teilnehmer – bis zu 2 Mio. Gläubige
wurden erwartet – konnten zur leiblichen Stärkung auf den
Milchshake „Pope-in-Philly" zurückgreifen. Einige Monate zuvor hatte der für die Organisation des Treffens zuständige Ku-
rienerzbischof Vincenzo Paglia mit Hilfe katholischer Schüler
bei einem Wettbewerb den Shake mit der Geschmacksnote
„Butterkeks" als Sieger gekürt. Das umgerechnet 45 Euro-Cent
teure Getränk half mit, das Weltfamilientreffen und die Papst-
messe zu finanzieren.

Wer 2005 zu Beginn des Monats August durch die Straßen
einer Kleinstadt bei Aachen (Rheinland) einen Spaziergang unternahm, den luden Plakate – unterstützt durch bunte Werbe-
broschüren und einen entsprechenden Internetauftritt – zu
einem besonderen „Event" ein. „Aus Anlass des Welt-Jugend-
Tag 2005 in Köln" rief eine große örtliche Disco für den 19. August den „Weltjugend-Discotag" aus. Als Programmpunkte
des Ereignisses erfuhr man: „† Musik-Picknick, † Abendgebet,
† Kreuzweg u.v.m.". Versprochen wurde literweise Wodka im
Sonderangebot. Für den 20. August kündigten die Discobetrei-
ber an: „Der Papst kommt!". Auf der Bühne („Live on stage")
seien dann „Die Scheinheiligen" mit ihrem Hit „Wir sind
Papst" zu erleben. Wer im Papstkostüm käme, dem würde ein
32-Euro-Gutschein winken.

Die Lokalpresse nannte die Aktion des Vergnügungsetab-
lissements „dumm, dreist, beleidigend" und klagte, „wie eine

Disco scheinheilig den Papstbesuch ausnutzt". Vertreter der Kirche, Kommunalpolitiker und nicht wenige Privatpersonen machten ihrem Unmut Luft; selbst die Gastronomen der Stadt protestierten lautstark. Mit Erfolg! Am 13. August ließ der Veranstalter die umstrittenen Plakate abhängen. „Ab in den Müll mit dem grinsenden ‚Papst'", verkündete die Lokalpresse mit Erleichterung.

Schon kurz nach der Wahl des deutschen Papstes waren CDs mit „päpstlicher" Disco-Musik auf den Markt gekommen, so unter anderem „Wir sind Papst! – Urbi & Orbi feat. Buddy" und „Papa Ratzi Benediktus". Das letztere „Opus" bot dem Käufer neben dem Originalsong je einen Lieblings-, Ballermann-, Dance- und Karooke-Mix. In der Hamburger Disco-Szene kam es sogar zu einem Wettkampf („Fight") der beiden Songs: Bei dem einen wurde der „total sinnfreie Text" und „promillebevorzugte Refrain" gelobt, der andere als „unglaublich fantasmagogische Nummer" und „absoluter Trash" gepriesen. Ein Musiksender forderte seine Hörer auf: „Also ab an die PapstSongBattleFront und gevotet. The Battle has begun! Welcher Song wird die heilige Schlacht gewinnen? Eure Stimme zählt!"

Fastfood mit päpstlicher Approbation

Die Eröffnung einer McDonald's-Filiale in unmittelbarer Nachbarschaft zum Vatikan hat zum Jahresende 2016 Staub aufgewirbelt. Das weltbekannte Burgerparadies erregte die Gemüter. Nicht alle freuten sich über die gastronomische Bereicherung im Borgo. Lautstark, vehement und mediengerecht meldeten sich die Gegner des Fast-Food-Angebotes zu Wort – mit dem vorangetragenen Banner der moralischen Entrüstung in Händen, das „gute", ökologisch unbedenkliche und in der heimischen Küche beheimatete Speisen forderte. Aber widerspricht der Besuch des Self-Service-Restaurants wirklich so sehr den Essgewohnheiten in der Vatikanstadt und im Papstviertel der Ewigen Stadt?

Als Papst Leo XII. (1823-1829) eine Verordnung erließ, die es den Römern untersagte, Wein in einer Osteria zu trinken, wenn sie nicht dazu ein volles Mahl verzehrten, gerieten die Bewohner der Ewigen Stadt in höchste Erregung. Und als der Heilige Vater sogar befahl, Gitter – „cancelletti" – an den Gasthäusern anzubringen, um die Nur-Trinker von den Osterien und Trattorien fernzuhalten, brach für die Römer eine Welt zusammen, konnte man doch nicht mehr, wie gewohnt, „schon am Nachmittag um drei in die Osteria gehen und dort bei vielen schönen ‚mezzolitri' [halben Litern] bis tief in die Nacht sitzen bleiben" (Reinhard Raffalt).

Dem Nachfolger, Papst Pius VIII. (1829-1830), war nur ein Pontifikat von 19 Monaten beschieden. Beim Volk aber erwarb sich der Pontifex unsterbliche Verdienste. Er hob viele der gestrengen Gesetze seines Vorgängers wieder auf. Bei dem Ableben des Papstes trauerten die Römer ehrlichen Herzens. Und sogar Pasquino, eine der „sprechenden" Statuen Roms, stattete dem verstorbenen Pontifex seinen Dank ab: „Wie dann der höchste Pius vor Gottes Angesicht erschienen ist, hat ihn der liebe Gott gefragt: Was hast Du denn gemacht? Die Antwort war: Gar nichts habe ich gemacht. Die Engel aber wussten's besser: Die Gitter wenigstens hat er verschwinden lassen."

Die Sorgen der kleinen Leute nahmen die Päpste ernst. Bei einem der Spaziergänge, die Pius IX. (1846-1878) in der Ewigen Stadt unternahm, warf sich ein Fischbräter dem Heiligen Vater zu Füßen. Verzweifelt klagte er dem Papst, dass ihm die Behörden des Kirchenstaates den Verkauf seiner Fische unter freiem Himmel verboten hätten. „Heiliger Vater, ich bin ruiniert." Pius hob ihn auf und sagte: „Bring mir etwas zu schreiben." Der Mann aber hatte nur Papier, mit dem er seine Fische einzuwickeln pflegte. Er reichte einen Bogen davon dem Papst, der darauf mit eigener Hand schrieb: „Er darf seine Fische braten, wo er will, wann er will und so viel er will. Pius IX."

Nach dem Ende des alten Kirchenstaates im Jahre 1870 konnten die Nachfolger Petri auf das leibliche Wohl der Römer zunächst nur wenig Einfluss nehmen. Als der Vatikan im Jahre 1929 wieder staatliche Souveränität erlangte, wollte Papst Pius XI. der Welt ein funktionierendes Staatswesen präsentieren. Rund um Sankt Peter befanden sich viele kleine Häuser, die von Arbeitern in päpstlichen Diensten bewohnt wurden; sie wirkten malerisch, waren aber oft halb zerfallen. Sogar Geschäftslokale, Buden und Osterien, wie sie in der römischen Campagna üblich waren, gab es im Schatten der Basilika. Sie alle müssten der Spitzhacke zum Opfer fallen, erklärte der Pontifex. Und somit verschwanden die kleinen gemütlichen Schankstätten vergangener Zeiten.

Danach gab es im Vatikan kein Restaurant mehr. Mit einer Ausnahme – „die einzige Einrichtung dieser Art war das in zwei inneren Zimmern der Sakristei von Sankt Peter verborgene kleine Café, wo diejenigen Domherren, die eben ihre Messe gefeiert haben, ihren kleinen Imbiss einnehmen. Aber zu diesem Erfrischungsraum, der wegen seiner Lage und ganz besonderen Kundschaft fast heimlich ist, gelangt das Publikum nur in Ausnahmefällen" (Silvio Negri). 1932 ließ dann Pius XI. für Vatikanbürger und -angestellte bei der „Annona", dem Lebensmittellager des neuen Kirchenstaates, eine Art Kantine einrichten, die jedoch Besuchern nicht offen stand. Bei den oft Stunden dauernden päpstlichen Liturgien gab es in Sankt Peter bei und unter den damaligen Tribünen Erfrischungsstände, das so genannte „Büffet" der Nobelgardisten, Geheimkämmerer und während der Zeremonien Diensttuenden – vor allem die Garden waren wegen der Länge der Gottesdienste vom üblichen Nüchternheitsgebot befreit.

Während des II. Vatikanischen Konzils (1962-1965) entstanden in den Nebenräumen der Basilika des Apostelfürsten Cafeterien, in denen sich die Teilnehmer der weltweiten Kirchenversammlung von Sitzungen des Konzils erholen konnten, und zwar nicht nur bei einem Espresso oder einer Tasse Tee, sondern auch bei alkoholischen Drinks. Die bekannteste dieser viel frequentierten Cafeterien war die „Bar Jona". Im Konzilsalbum des 1988 verstorbenen Mainzer Kardinals Hermann Volk (einsehbar unter www.bistummainz.de) findet sich eine Aufnahme der Bar, die zeigt, wie gut diese mit Getränken ausgestattet zu sein schien. Fast-Food – oder zumindest in diese Richtung gehendes Essen – war bereits in den 70er Jahren des 20. Jahrhunderts in dem Selbstbedienungslokal der Vatikanischen Museen anzutreffen.

Der Vatikan hatte sein Placet zu einer McDonald's Filiale in unmittelbarer Nähe zum Haupteingang in den Kirchenstaat gegeben – ohne zu ahnen, welchen Medien-Hype er damit auslöste. Die Immobilie, die das Fast-Food-Restaurant beherbergt, gehört dem Heiligen Stuhl. In dem Gebäudekomplex wohnen auch mehrere Kardinäle. Einer der Purpurträger bezeichnete die Produkte von McDonald's als Speisen, die nach Ansicht von „nicht wenigen Medizinern und Ernährungswissenschaftlern keine Garantien für die Gesundheit der Konsumenten" böten und „qualitativ meilenweit von der traditionellen römischen Küche entfernt" seien. Der emeritierte Kurienkardinal nannte die Entscheidung der vatikanischen Immobilienverwaltung „abnormal", die Räumlichkeiten hätte man für die Bedürftigen in der Gegend nutzen sollen, „so wie es der Heilige Vater lehrt". In die gleiche Kerbe schlug auch der Sprecher einer Vereinigung zur Rettung des Stadtviertels: Das Restaurant stehe „im Widerspruch zu den Prinzipien, die Papst Franziskus vertritt". Er glaube nicht, dass der Vatikan das Bild einer Kirche zu vermitteln habe, „die ihre Werte an kommerziellen Fragen orientiert".

Mit der „traditionellen römischen Küche" ist es im Borgo jedoch nicht so weit her. Nur wenige Restaurants in dem Stadtviertel erfüllen diesen Anspruch. Nicht selten lässt der Service in den Lokalitäten zu wünschen übrig. Und die Preise für ein durchaus nicht opulentes Mahl sind nichts für schmale Geldbeutel und Familien mit Kindern. Auch die „Pizza a taglio-

Läden", die mundgerechte Pizzastücke zum Außer-Haus-Verkauf anpreisen, werden Qualitätsansprüchen und der Wahrhaftigkeit nicht gerecht. Sie präsentieren ihrer Kundschaft zentimeterhohe Böden und hauchdünne Beläge – so manche der versprochenen Zutaten der ursprünglich neapolitanischen Köstlichkeit lassen sich nicht einmal mit den Spektralanalysegeräten der Vatikanischen Sternwarte nachweisen.

Pilger, Touisten und gar nicht so wenige Römer sahen und sehen die Kritik an dem Fastfood-Restaurant kritisch: Eine benutzte Papierserviette vor der Haustür sowie ab und zu ein leichtes Pommes-Frites-Lüftchen im Treppenhaus würden nicht dazu berechtigen, den Papst und „Laudato si" für sich zu personalisieren – auch dann nicht, wenn man dem Kardinalskollegium angehört. Und Konkurrenz belebe in der Regel das Geschäft und brauche daher nicht gefürchtet zu werden, wenn das Angebot stimme und überzeuge. Unappetitlich werde es, wenn man Bedürftige für den Erhalt einer kaum gefährdeten hohen Wohnqualität und „knallharte" Geschäftsinteressen missbrauche.

Historisches – Reloaded

Zu Diensten von Päpsten und Bestsellerautoren

Die Monsignori der päpstlichen Behörden, die ihr Mittagessen in einer der Trattorien des Borgo Pio einnehmen wollen, müssen unter ihm hindurch. Ebenso die Pilger und Touristen, die mit der Metro Sankt Peter ansteuern. Und den Machern des Hollywood-Blockbusters „Illuminati" diente er als Kulisse für eine fulminante Action-Szene. Die Rede ist vom „passetto", jenem berühmten Fluchtkorrridor der Päpste, der den Vatikan mit der Engelsburg verbindet.

Der Passetto, 800 Meter lang, verläuft vom Apostolischen Palast bis zur Markusbastion des Castel Sant'Angelo. Die Ursprünge dieses geschichtlich äußerst bedeutsamen Monuments reichen bis in die christliche Antike zurück. Schon im 4. Jahrhundert gab es einen Säulengang, der von der unterhalb der Engelsbrücke gelegenen Pons Aelius zur alten Konstantinsbasilika führte. Der byzantinische Historiker Procopius berichtete als Augenzeuge, dass im Jahre 537 die Goten unter dem Schutz dieses Portikus zur Basilika vorgedrungen seien.

Unter dem Eindruck der Sarazeneneinfälle fasste Papst Leo III. (795-816) den Entschluss, Sankt Peter und das angrenzende Gebiet zu befestigen; aber erst Leo IV. (847-855) ließ eine Ringmauer bauen, die sich hufeisenförmig von der Engelsburg aus rings um den Vatikanischen Hügel zog und auf der anderen Seite wieder bei der Porta Santo Spirito zum Tiber hinabführte. Wann nun in diese Mauer – in dem Abschnitt zwischen dem Apostolischen Palast und der Engelsburg – ein Fluchtgang eingebaut wurde, darüber gehen die Meinungen der Historiker auseinander. In seinem „Diario Romano" nennt Antonio di Pietro als Erbauer des Fluchtkorridors Johannes XXIII. (1410-1415), einen Papst, der auf dem Konzil von Konstanz abgesetzt wurde.

Die Historiker Gregorovius und Borgatti widersprechen dieser Ansicht und sehen in Nikolaus III. (1277-1280) den Schöpfer des Passetto. Ferdinand Gregorovius, der große protestantische Geschichtsschreiber der Stadt Rom, kann mit triftigen Gründen nachweisen, dass die erste Anlage auf Nikolaus III. zurückging und Johannes XXIII. den Gang nur erneuert hatte. Dies erscheint logisch, da es Nikolaus III. war, der die Residenz im Lateran mit der im Vatikan tauschte. Die damaligen Zeiten waren für die Päpste so voll von Drohungen und Gefahren, dass von ihnen Vorsorge dafür getragen werden musste, um im Notfall rasch und problemlos in die sichere Engelsburg zu gelangen.

Immer wieder sind die Ringmauer und der auf ihr erbaute Fluchtgang vom Verfall bedroht. Zum Ende des 15. Jahrhunderts zeigten sich so erhebliche Schäden, dass die Anlage keinen ausreichenden Schutz mehr bot. Gleich zu Beginn seines Pontifikates ordnete Papst Alexander VI. (1492-1503) die Wiederherstellung der Leoninischen Mauer und des Korridors an. Eine kluge, vorausschauende Entscheidung. Denn schon im Dezember 1494 – bei der Einnahme Roms durch die Truppen Karls VIII. von Frankreich – war der Papst gezwungen, sich mit Hilfe des Ganges in die Engelsburg zurückzuziehen. Neun Jahre später, unmittelbar nach dem Tod des Borgia-Papstes, verhalf der Gang seinem Sohn Cesare, sich der Rache der Orsini zu entziehen.

Papst Klemens VII. (1523-1534) floh ein erstes Mal über den Korridor in die Engelsburg, als 1526 das römische Adelsgeschlecht der Colonna gemeinsam mit Ugo Moncada, dem Vizekönig von Neapel, den Borgo und die Vatikanischen Paläste plünderte; drei Tage lang musste der Papst in der Festung ausharren. Ein Jahr später war Klemens ein zweites Mal gezwungen, den Fluchtgang zu benutzen, diesmal unter weitaus bedrohlicheren Umständen. Am 6. Mai 1527 brach die spanisch-deutsche Soldateska Kaiser Karls V. in die Ewige Stadt ein und zog plündernd und mordend zum Vatikan. Unter hohen Verlusten gelang es der Päpstlichen Schweizergarde, Klemens VII. die Flucht über den Passetto zu ermöglichen. Einer der Hofprälaten hatte seinen Mantel ausgezogen und ihn dem Papst über die Schultern geworfen, damit der Heilige Vater nicht an seinem weißen Gewand erkannt werden konnte. Sobald Klemens VII. die Zugbrücke bei der Engelsburg überschritten hatte, wurde diese mit solcher Hast hochgezogen, dass viele aus dem Gefolge des Papstes in den darunterliegenden Graben fielen.

Auch die Päpste der folgenden Jahrhunderte waren bemüht, sich die Möglichkeit einer Rettung in die als uneinnehmbar geltende Engelsburg offen zu halten und sorgten für die Instandhaltung des Fluchtkorridors. Besonders Pius V., Klemens VIII. und Urban VIII. taten sich hierbei hervor. 1870, nach der Besetzung Roms durch italienische Truppen, wurden die beiden Zugänge zum Passetto vermauert – ein Symbol für die nun folgende „Eiszeit" zwischen dem Heiligen Stuhl und dem Königreich Italien. Erst 1929 sollten Kirche und italienischer Staat den Weg zu einer Aussöhnung finden. 1934 begann man an der Südseite des Fluchtkorridors mit dem Abriss der Häuser, die dort im Laufe der Jahrhunderte angebaut worden waren – sie standen Benito Mussolinis „Erneuerung" der Ewigen Stadt entgegen; in den 30er und 50er Jahren wurden zudem neue Tordurchgänge (zur Via di Porta Angelica, Via del Mascherino und Via di Porta Castello) geschaffen. 1949 setzte der Vatikan den beim Apostolischen Palast gelegenen Zugang zum Passetto in Stand.

Immer wieder hatten Experten in den vergangenen Jahrzehnten auf den desolaten Zustand des Monuments hingewiesen. Aber erst 1986 begann man mit umfassenden Restaurierungsarbeiten. Böse Zungen behaupten, dass die römische Stadtverwaltung erst auf die Problematik aufmerksam wurde und reagierte, nachdem sich ein ausländischer Diplomat beim italienischen Außenministerium beschwert hatte, weil auf seinen Wagen, den er am Passetto geparkt hatte, Steinbrocken herabgefallen waren. Die Aufregung um einen abgeknickten Mercedesstern und eine leicht beschädigte Karosserie soll mehr bewirkt haben als alle vorangegangenen Ansuchen besorgter Denkmalschützer.

Als man das Projekt anging, wurden die Verantwortlichen mit einem Problem ganz besonderer Art konfrontiert. Die Besitzverhältnisse des Passettos waren ungeklärt. Bei den Lateranverträgen von 1929, die zur Gründung des souveränen Vatikanstaates führten, hatten die beiden Vertragspartner – der Heilige Stuhl und das Königreich Italien – eine staatsrechtliche Zuordnung des päpstlichen Fluchtkorridors unterlassen, sie schlichtweg „vergessen". Der Passetto wurde zum Niemandsland. Italien und der Vatikan einigten sich dann jedoch einvernehmlich darauf, dass die ersten 80 Meter dem Kirchenstaat zuzurechnen seien, der weitere Verlauf des Monuments aber in die Zuständigkeit der Republik Italien fallen solle.

Touristen und Pilger haben heute die Möglichkeit, den geschichtsträchtigen Gang unter fachkundiger Führung aufzusuchen, um so ein wenig den Hauch der Vergangenheit zu spüren und in den Genuss eines einzigartigen Ausblicks auf die Ewige Stadt zu kommen.

Im Hollywood-Blockbuster „Illuminati" (engl. Originaltitel: „Angels and Demons") wurde der Passetto zu einem der Drehorte. In dem actionreichen Spielfilm wird der Vatikan von einer Verschwörung bedroht, hinter der die Illuminaten vermutet werden; die Petersbasilika und die Vatikanstadt sollen durch eine Antimaterie-Bombe ausgelöscht werden. Auf dem alten Fluchtweg der Päpste ließ der Regisseur die Protagonisten des Thrillers – gespielt von Tom Hanks und Ayelet Zurer – in dramatischen Szenen ihrem Verfolger entkommen.

„Bring back the Sedia Gestatoria!"

Die katholische Blogger-Welt diskutierte 2010 über Monate hinweg die Wiedereinführung des päpstlichen Tragstuhls, der „sedia gestatoria". Und auch im italienischen Blätterwald rauschte es, sogar die Tagesausgabe des „Osservatore Romano" widmete sich dem alten Fortbewegungsmittel der Päpste und interviewte einen der ehemaligen Träger der Sedia. Eine verwirrte Frau hatte Papst Benedikt XVI. attackiert. Der Zwischenfall, der sich am Heiligabend des Jahres 2010 beim Einzug des Papstes in Sankt Peter ereignete, führte zu einer lebhaften Diskussion im Internet. „Bring back the Sedia Gestatoria", forderte ein englischsprachiger Blogger.

Im antiken Rom waren „lecticae", komfortable Tragliegen, in Gebrauch. Von den führenden Männern des Römischen Reiches wurden sie nach Auskunft von Cicero in Nachahmung der Sitten orientalischer Herrscher genutzt. Vor allem Cäsar bediente sich der Lectica. Historisch belegt ist die Verwendung eines kaiserlichen Tragsessels durch Augustus und Tiberius, wenn auch Cassius Dio die eigentliche Einführung Claudius zuschreibt. Der Ursprung eines päpstlichen Tragstuhls lässt sich bis ins 5. Jahrhundert zurückverfolgen. Bischof Ennodius von Padua (473-521) spricht von einer „gestatoria sella apostolica", der sich die Päpste „seit langem" in der Ewigen Stadt bedienten.

Die Sedia Gestatoria, die auf den Schultern von 12, bisweilen auch 16 Männern, den Sediari, ruhte, gehörte zum festgeschriebenen Zeremoniell am Päpstlichen Hof. In der Neuzeit wurde der Tragsessel verwendet, wenn der Papst feierlich zum Gottesdienst zog. Zu den Audienzen in den Sälen des Apostolischen Palastes und der päpstlichen Sommerresidenz Castel Gandolfo nahm man häufig eine kleinere Sedia; sie erforderte nur acht Träger. Seit dem Mittelalter bilden die Sediari ein eigenes Kollegium. Die Sesselträger des Papstes kamen zumeist aus den Stadtvierteln, die sich eng an Sankt Peter schmiegen. Vielfach ging das Amt eines Sediario vom Vater auf den Sohn über. Ihr Dienst in unmittelbarer Nähe zum Oberhaupt der Christenheit machte sie zu „familiares Papae" (Hausgenossen des Papstes).

Während des II. Vatikanischen Konzils begann Paul VI. den Gebrauch der Sedia Gestatoria einzuschränken, bis er dann fast ganz auf den Tragsessel verzichtete. Zum Ende seines Pontifikats musste der von Arthrose geplagte und vom Alter gezeichnete Papst jedoch wieder auf die Sedia zurückgreifen. Johannes Paul I. nahm nur zögerlich die Dienste der Sediari in Anspruch. Dreimal verwendete er den Tragsessel für Generalaudienzen, ein viertes Mal benutzte er ihn, als er feierlich von seiner Bischofskirche, der Lateranbasilika, Besitz ergriff. Johannes Paul II. stand der Sedia Gestatoria von Anfang an ablehnend gegenüber. Aber auch aufgrund seiner beeindruckenden sportlichen Kondition verzichtete er auf das traditionelle Fortbewegungsmittel der Päpste. Als es in späteren Jahren für Johannes Paul II. immer schwieriger wurde, größere Wegstrecken zu bewältigen, schuf man ein mobiles Podest, auf dem der Papst stehen konnte. Eine in Hüfthöhe angebrachte Querstange erlaubte es ihm, sich mit den Händen festzuhalten. Die Aufgabe, das Gefährt zu lenken, oblag zwei Sediari. Erst nach seinem Ableben durften die Sediari den Papst auf ihren Schultern tragen – dieses berührende Bild ist noch heute vielen im Gedächtnis.

Obschon die Sediari seit 1978 ihren ursprünglichen Dienst nicht mehr ausübten, beließen die Päpste sie weiterhin im Amt. Sie leisten bis zum heutigen Tag Dienste im Apostolischen Palast, geleiten Staatsgäste und Botschafter in einem feierlichen Ehrenzug zur Audienz und stehen bei den verschiedensten Zeremonien dem Papst hilfreich zur Seite. Bei einer Begegnung mit den Sediari sagte Benedikt XVI.: „Eure Arbeit fügt sich in einen Kontext ein, in dem alles zu allen Menschen konsequent von der Kirche Christi sprechen und diesen nachahmen muss, denn er ,ist nicht gekommen, um sich dienen zu lassen, sondern um zu dienen und sein Leben hinzugeben als Lösegeld für viele' (Mk 10,45). Auf diesem Hintergrund muss man die Reformen betrachten, die meine verehrten Vorgänger in jüngerer Zeit durchgeführt haben, insbesondere Papst Paul VI., dem die Aufgabe zufiel, die neuen Forderungen, die das Konzil erhoben hatte, in die Tat umzusetzen. Das Zeremoniell ist vereinfacht worden, um es zu größerer Nüchternheit und Schlichtheit zurückzuführen, die der christlichen Botschaft und den Anforderungen der Zeit besser entsprechen."

Die Äußerungen des Papstes verdeutlichen, dass einer Wiedereinführung der Sedia Gestatoria große Vorbehalte entgegenstehen könnten. Zu sehr haftet dem päpstlichen Tragstuhl der Vorwurf des Triumphalismus an. Dass dies nicht sein muss, bezeugen Bilder aus den letzten Pontifikatsjahren des Montini-Papstes und der kurzen Regierungszeit Johannes Pauls I. Ob der Gebrauch des Tragsessels den Papst vor Übergriffen schützen kann, mag dahingestellt bleiben. Im Laufe der Jahrhunderte kam es des öfteren zu Situationen, die für Sediari und Papst eine Bedrohung darstellten. Selbst die jüngste Vergangenheit blieb davor nicht verschont.

Pius XII. war für seine ausgiebige Gestik bekannt; auch auf der Sedia Gestatoria verzichtete er nicht auf sie. Das Ausbreiten der Arme, das Berühren der Hände, die ihm die Gläubigen entgegenstreckten: all das war typisch für den Pacelli-Papst. Als er in den 50er Jahren des vergangenen Jahrhunderts zu einer der großen Generalaudienzen getragen wurde, begleitete ihn, wie vom Zeremoniell vorgeschrieben, eine Abteilung der Päpstlichen Nobelgarde. Die Offiziere der adeligen Leibwache, den gezogenen Säbel präsentierend, scharten sich eng um den Tragsessel des Heiligen Vaters. Als er die Arme wieder einmal ausbreitete, zuckte der Pontifex plötzlich vor Schmerz zusammen und sah dann, dass die Spitze eines Säbels in seine Hand hineingestochen hatte. Der Wache rief er entgegen: „Riponga, riponga! – Nieder damit, nieder damit!" Aber es gelang Pius nicht, den Jubel der Menschenmenge mit seiner Stimme zu durchdringen – die Gardisten präsentierten weiter die gezogene Waffe. Der Befehl des folgenden Tages lautete, bei solchen Audienzen den Säbel künftig in der Scheide zu lassen.

Nur knapp entging Paul VI. bei einer Audienz in Castel Gandolfo einem gefährlichen Sturz. Unter dem Druck der Menge war die Absperrung geborsten, und ein Balken schlug mit aller Gewalt gegen die Beine eines Sediario. Trotz ungeheurer Schmerzen gelang dem Sediario den Tragsessel solange im Gleichgewicht zu halten, bis Hilfe nahte. Paul VI. bemühte sich immer wieder beim Vorbeizug an den Gläubigen, die sich ihm entgegenstreckenden Hände kurz zu berühren. Die gutgemeinte Geste verlief nicht immer ohne Blessuren. Als einmal der

Tragsessel nach einer Generalaudienz zu Boden gesetzt worden war, zeigte der Papst einem der Sediari einen blutenden Finger, dessen Nagel tief eingerissen war: „Ferite di guerra" (Kriegsverletzungen), scherzte der Papst.

Ein Präsident als Domherr

In alter Zeit war es üblich, dass Könige und Fürsten an bestimmten Kathedralen ihres Landes oder an bedeutsamen Stätten der Christenheit Kanonikate einnahmen. An einigen wenigen Orten ist dieser Brauch in die Moderne hinübergerettet worden – in Embrun (Südfrankreich) und St-Jean-de-Maurienne (Savoyen) sowie an der Lateranbasilika in Rom.

Zu Beginn des 17. Jahrhunderts bestimmte das Domkapitel von Embrun, dass der jeweilige Monarch des Landes die Würde des Proto-Kanonikus der Kathedrale innehabe. Diese Regelung galt auch weiter, als die Staatsform in Frankreich wechselte. In der Republik übernahm der Präsident diese hohe kirchliche Auszeichnung. Bedingung war, dass das Staatsoberhaupt persönlich nach Embrun kam, um sein Amt anzutreten. Auch in Savoyen, in Saint-Jean-de-Maurienne, ist ein Domherrensitz für den französischen Staatspräsidenten reserviert. Seit 1489 nahmen die Herzöge von Savoyen an der dortigen Kathedralkirche ein Kanonikat wahr. Als Savoyen 1536 von Franz I. annektiert wurde, ging das Privileg an den französischen König, später dann an den Staatspräsidenten der Republik über.

Bedeutender als die beiden französischen Kanonikate ist für das Staatsoberhaupt der Republik Frankreich der Anspruch auf einen Sitz im Kapitel der Lateranbasilika in Rom. 1604, zur Regierungszeit König Heinrichs IV., begründete das Domkapitel die Tradition, dem französischen Monarchen die Ehrendomherrenwürde des Lateran zu übertragen. Im Dezember 1605 machte Heinrich IV. dem Kapitel die Abtei Clairac mit all ihren Erträgen und Einkünften zum Geschenk. Das Domkapitel des Lateran wurde verpflichtet, jedes Jahr am Fest der heiligen Lucia, dem Geburtstag des Königs, eine feierliche heilige Messe zu singen und in der Oktav von Allerseelen, am Fest des hl. Dionysius, ein Seelenamt für die verstorbenen französischen Könige zu zelebrieren; zudem sollte jeden Morgen eine stille Messe gelesen werden.

Die Abtei von Clairac brachte jährlich etwa 25.000 Livres. Der Kapitelvikar des Lateran wurde „Seigneur de Clairac" und hatte die Privilegien eines Abtes in allen Kirchen der Herrschaft. Das Kapitel erwies dem König seine Dankbarkeit, indem es ihm ein Standbild errichtete. Diese Statue ist ein Werk des Lothringers Nicolas Cordier und wurde in einer Nische links vom Portikus der Seitenfassade von San Giovanni in Laterano aufgestellt. Gegen Ende des 18. Jahrhunderts verlor das Kapitel die französischen Einkünfte – am 6. April 1792 beantragte die gesetzgebende Versammlung in Paris die Veräußerung der Abtei von Clairac, die am 1. Mai des Jahres erfolgte. Für kurze Zeit hoffte das Kapitel darauf, in Kaiser Napoleon I. einen Wohltäter der Basilika anzutreffen. Bei seiner Krönung hatte der Korse vollmundig eine Entschädigung für Clairac angekündigt. Die Verwirklichung des kaiserlichen Versprechens ließ jedoch auf sich warten.

Unter Ludwig XVIII. wurde am 13. Dezember 1814 wieder eine Messe zu Ehren der hl. Lucia gefeiert. Im März 1815 gab der Botschafter Frankreichs, Courtois de Pressigné, dem Kardinalerzpriester die Versicherung, dass die Ansprüche des Kapitels vom französischen Hof nicht unbeachtet bleiben würden. Der König wollte als erster Kanonikus des Lateran seinen

„Kollegen" einen Beweis seines Wohlwollens geben und ließ daher dem Kapitel am 13. Dezember 1816 einen Betrag von 3.000 Francs übermitteln und versprach, dass der Lateran bei einer bevorstehenden Dotation der französischen Bistümer nicht übergangen werde.

Das Versprechen Ludwigs XVIII. wurde von Karl X. unmittelbar nach seiner Thronbesteigung eingelöst. Am 15. März schrieb er an das Kapitel, es sei sein Wunsch, „es für den Verlust der Güter, die es der Freigiebigkeit Unserer Vorfahren verdankte, zu entschädigen". Zugleich ließ er dem Kapitel als erste Jahreszahlung den Betrag von 4.483 römischen Scudi (24.000 Francs) zukommen. Diese Summe entsprach etwa dem Nettoertrag von Clairac. Er wurde bis zum Jahre 1830 gezahlt, dann stellte die Regierung des Bürgerkönigs Louis Philipp die weiteren Zahlungen ein. Erst 1863 wurden die Zahlungen wieder aufgenommen. Am 5. Mai dieses Jahres teilte der französische Botschafter de la Tour d'Auvergne den Kanonikern mit, dass „Seine Majestät Kaiser Napoleon III. in Anbetracht der alten Bande, die Frankreich mit der ersten Basilika der christlichen Welt verknüpfen, dem Beispiel einiger seiner hohen Vorgänger folgend beschlossen habe, dem Kapitel jährlich wieder einen Betrag von 24.000 Franc zu gewähren". Mit dem Sturz des Zweiten Kaiserreiches im Jahre 1870 fiel diese Entschädigung für die Einkünfte der Abtei von Clairac wieder weg.

In den revolutionären Wirren, die zu Beginn des Pontifikats Pius' IX. (1846-1878) zur „Römischen Republik" führten, machte Frankreich seiner Rolle als Schutzherrin des Lateran Ehre. Als die Vertreter der „Römischen Republik" drohten, sich der kirchlichen Gebäude und der gottesdienstlichen Geräte in der Ewigen Stadt zu bemächtigen, bat das Domkapitel Frankreich um seinen Beistand. In Abwesenheit des französischen Botschafters beim Heiligen Stuhl, der bei Pius IX. in Gaeta weilte, nahm der erste Botschaftssekretär, Graf Forbin-Janson, die Bittschrift der Kanoniker entgegen und entsprach ihr unverzüglich. Am Portal der Basilika wurde die französische Fahne gehisst und die Schlüssel zur Schatzkammer auf der Botschaft hinterlegt. Mitglieder der Gesandtschaft nahmen im Lateran Wohnung und wachten darüber, dass es zu keinen Übergriffen auf „die Mutter und das Haupt aller Kirchen des Erdkreises" – so der Titel der Lateranbasilika – kam.

Der Lateran bezeugte weiterhin seine Verpflichtungen gegen Frankreich. Das Kapitel der Lateranbasilika hielt Trauergottesdienste für die Gefallenen des Krieges von 1870, den Präsidenten Carnot und die Opfer des furchtbaren Brandes des Wohltätigkeitsbazars. Seit der Restauration richteten die Kanoniker alljährlich am Neujahrstag ein Glückwunschschreiben an das Staatsoberhaupt, das in der Regel durch die Botschaft Frankreichs antworten ließ. In der Vertretung des Staatspräsidenten nahm der französische Botschafter bei der Messe der hl. Lucia seinen Platz im Kapitel der Basilika ein. Auch unter laizistischen und sozialistischen Regierungen und Staatsoberhäuptern rissen die jahrhundertealten Bande zwischen der Erzbasilika und der ‚Grand Nation' nie gänzlich ab.

Am 20. Januar 1996 stattete der Präsident der Französischen Republik, Jacques Chirac, dem Vatikan einen offiziellen Staatsbesuch ab. Nach einem Zusammentreffen mit dem Papst und dem beim Heiligen Stuhl akkreditierten Diplomatischen Corps begab sich der Staatspräsident zur Lateranbasilika. „An dieser Stelle, wie nirgendwo anders, wird uns allen in Erinnerung gerufen, dass Frankreich ‚die älteste Tochter der Kirche' ist", bemerkte Jacques Chirac beim Betreten des Gotteshauses. Nach einer Führung durch die Basilika und einem stillen Gebet in der Sakramentskapelle wurde der französische Staatspräsident als „Canonicus honorarius" (Ehrendomherr) in das Kapitel der Basilika aufgenommen.

Der Besuch Chiracs im Lateran und die Tatsache der Verleihung der Ehrendomherrenwürde an seine Person erregte in Frankreich die kirchenfeindlichen Medien – die „Réseau Voltaire" nannte das Geschehen „une scandaleuse déclaration d'allégance à l'église et au pape". Laikale, atheistische und freimaurerische Kreise protestierten lautstark gegen „diese schändliche Verletzung der Trennung von Kirche und Staat"; ebenso erregten sich protestantische Gemeinschaften und Sekten. Den französischen Präsidenten berührten diese Angriffe nicht – er blieb der Überzeugung treu, die er bei seinem Besuch geäußert hatte: „Gerade hier im Lateran, im Angesicht der Geschichte, komme ich nicht umhin, Frankreichs Stolz und Bewunderung für einen gemeinsamen Glauben Ausdruck zu verleihen".

Nach jeder Wahl eines neuen Präsidenten der Republik ist in der Öffentlichkeit das Interesse an der Frage geweckt, ob das frisch gekürte Staatsoberhaupt bei seinem ersten Besuch im Vatikan das ihm verbriefte Privileg der Domherrenwürde der Lateranbasilika in Anspruch nimmt.

Mit harten Bandagen im Vatikan

Die Päpste, der Vatikan und der Fußball. Wie kommt das zusammen? Weitaus besser, als man ahnt! Der schönsten Nebensache der Welt konnte man im Vatikan schon im 16. Jahrhundert beiwohnen.

Im späten Mittelalter machte der „calcio fiorentino", der „Florentiner Fußball", von sich reden. Mit ihm trat dann auch erstmals, so bezeugen es offizielle Urkunden, der Vatikan „aufs Spielfeld". 1521 fand eine Partie im Belvederehof des päpstlichen Palastes statt – vom Borgiaturm aus verfolgte Papst Leo X. (1513-1521), ein gebürtiger Florentiner, das Spiel. Der Bruder des Heiligen Vaters, Piero de' Medici, war ein begeisterter „calciante" (Spieler) in seiner Heimatstadt gewesen. Das Spiel war in Florenz ursprünglich allein den obersten Adelsschichten vorbehalten gewesen; man spielte es im Livree oder im Kostüm, daher auch die Bezeichnung „calcio di livrea / di costume". Für die Historiker steht heute mit großer Wahrscheinlichkeit fest, dass sich drei Päpste in ihrer Jugend am „calcio fiorentino" beteiligt haben, allesamt Florentiner: Zwei von ihnen waren Mitglieder der Familie der Medici (Klemens VII., 1523-1534, und Leo XI., 1605), einer gehörte dem Adelsgeschlecht der Barberini an (Urban VIII., 1623-1644).

Der „calcio fiorentino" war ein sehr männlicher Sport, der mit harten Bandagen durchgeführt wurde. In manchen Vorgangsweisen erinnerte er mehr an das heutige Rugby als an das uns vertraute Fußballspiel. Ein Regelwerk schuf ein gewisser Giovanni Bardi erst im Jahre 1580. Der „calcio" wurde vor allem in der Karnevalszeit gespielt, aber auch zu besonderen staatstragenden Ereignissen. Als Cosimo I. de' Medici als Großherzog der Toskana die Herrschaft antrat, wurde zu seinen Ehren in der Ewigen Stadt, in den Thermen des Diokletian, von den in Rom lebenden florentinischen Adeligen eine Partie dargeboten; die Gewinner erhielten eine Prämie aus den Händen des Kardinals Ferdinando de' Medici.

Eine Geschichte des vatikanischen Fußballs ist noch nicht geschrieben worden. Man weiß jedoch, dass Pius IX. (1846-1878), als er noch dem römischen „Ospizio San Michele", einer großen Sozialeinrichtung des Kirchenstaates, als Leiter vorstand, den dort lebenden Jugendlichen und jungen Männern das Ballspiel erlaubte. Ein Plädoyer für den Sport, den Fußball eingeschlossen, hielt im Heiligen Jahr 1950 Papst Pius XII. Auf dem Petersplatz wohnte er mit sichtbarem Interesse verschiedenen Ballspielen der „Katholischen Jugend" bei und empfing auch die Fußballspieler unter ihnen. Der Pacelli-Papst selber hatte sich in seiner Jugend zwei Sportarten verschrieben: dem Schwimmen und dem Reiten. Noch als Apostolischer Nuntius in Berlin konnte man ihn bei Ausritten in den Parks der Hauptstadt des Deutschen Reiches bewundern.

In einer Ansprache an die „Katholische Aktion" sagte der Heilige Vater: „Es irrt, wer der Kirche vorwirft, sie kümmere sich nicht um den Leib und die Leibesübungen, wie auch der, welcher ihre Zuständigkeit und ihr Wirken auf ,rein religiöse' Dinge einschränken möchte. Als ob der Leib, gleichermaßen Schöpfung Gottes wie die Seele, mit der er verbunden ist, nicht Anteil an der Huldigung des Schöpfers haben müsste! ,Ob ihr eßt, ob ihr trinkt, ob ihr etwas anderes tut, tut alles zur Ehre

Gottes' (1 Kor 10, 31). Paulus spricht hier vom leiblichen Tun; der Sport erscheint in den Worten: ‚ob ihr etwas anderes tut.' Manchmal spricht er sogar ausdrücklich davon; er spricht von Rennen und von Wettkämpfen nicht mit Worten der Kritik oder des Tadels, sondern als Kenner, der sie christlich erhebt und adelt."

Die Fußball-Pioniere des Vatikans waren die Schweizergardisten. Schon 1924/25 gab es eine Art „FC Guardia Svizzera", vermutlich liegen die Ursprünge einer Spielvereinigung sogar schon im 19. Jahrhundert. Offiziell begründet wurde der „FC Guardia Svizzera" im Jahre 1975 von Roman Fringeli. Der Club spielt gegen vatikaninterne Mannschaften (wie die Gendarmerie oder Radio Vatikan). „Ruhmreiche" Siege gab es unter anderen gegen das „North American College", das Priesterseminar der USA in Rom. Im Dezember 1980 fegte man das Team der Deutschen Botschaft mit 9 : 0 vom Platz!

In den 70er Jahren begann man, eine eigene vatikanische Fußball-Liga aufzustellen – unter anderen aus der Schweizergarde, der Gendarmerie, Radio Vatikan und dem „Osservatore Romano". Sergio Valcio, Mitbegründer der Liga, erklärte damals: „Wir mussten etwas für die körperliche Fitness der Vatikan-Mitarbeiter tun. Außerdem wollten wir das Gemeinschaftsgefühl unter den Angestellten fördern". 1993 stellte man, bedingt durch Spielermangel, bei den meisten Turnieren und Meisterschaften auf „Calcetto" (Mini-Fußball) um. Bei dieser Variation des Fußballs spielen fünf Mann gegen fünf Gegner auf einem kleineren Feld. „Länderspiele" sind äußerst selten. 1994 traf der Vatikan auf ein Team der Republik San Marino. Der Endstand des Spieles lautete: 0 : 0. Und einmal gab es sogar eine denkwürdige Begegnung des Vatikans mit einer italienischen Auswahlmannschaft. 4 : 1 ging die Partie aus!

Johannes Paul II. war ein bekennender Fußballfan gewesen und hatte als Jugendlicher in seinem Geburtsort Wadowice Fußball gespielt. Als Papst wurde er Ehrenmitglied des „FC Barcelona" und von „Real Madrid". Während seines Deutschlandbesuchs im Jahre 1987 hatte Papst Johannes Paul II. im Gelsenkirchener Parkstadion eine Messe gefeiert; bei dieser Gelegenheit ernannte ihn auch „Schalke 04" zum Ehrenmitglied. Sebastian Kehl und Christoph Metzelder, Spieler des Fußball-Bundesligisten „Borussia Dortmund", überreichten Johannes Paul II. im Januar 2005 eine Urkunde, die ihn „honoris causa" bei „Borussia Dortmund" aufnahm.

Im Jubiläumsjahr 2000 hatte sich Johannes Paul II. zur Heilig-Jahr-Feier der Sportler ins römische Olympiastadion begeben. Nach einer Messe wohnte der Papst einem Spiel zwischen der italienischen Fußball-Nationalmannschaft unter deren Trainer Giovanni Trapattoni und einer „All Stars"-Elf der in Italien spielenden ausländischen Profis bei. Der Papst beobachtete die Partie von einem Thronsessel auf der Ehrentribüne aus; neben ihm hatte IOC-Präsident Juan Antonio Samaranch Platz genommen. Beide sahen ein Fußballspiel, bei dem die beiden Torhüter dafür sorgten, dass es am Ende 0 : 0 hieß. Mit Rücksicht auf den Papst hatte man die Spielzeiten auf je 30 Minuten verkürzt.

Von Benedikt XVI. ist bekannt, dass er sportlichen Disziplinen nicht mit überaus großem Engagement zugetan war. Dennoch gab es Beziehungen zum Fußball-Sport. So fanden Reporter heraus, dass der ehemalige Fußball-Weltmeister Paul Breitner weitläufig mit dem Papst verwandt ist. 2005 durften Kinder im Rahmen einer Generalaudienz dem Papst ihre Fußball-Künste vorführen. Dem Spiel auf dem Petersplatz wohnten 26.000 Gläubige bei. Beim Weltjugendtag in Köln war Benedikt XVI. mit der Fußball-Legende Pelé zusammengetroffen. Als ihm Pelé vorgestellt wurde, fragte der Papst: „Und Sie sind Brasilianer?" Erst die Auskunft eines Nebenstehenden offenbarte Benedikt XVI., dass er soeben mit dem besten Fußballer der Welt gesprochen hatte.

Papst Franziskus liebt den Fußball. Der Presse gestand er, dass er schon als Neunjähriger ein leidenschaftlicher Anhänger des Erstliga-Vereins „Atlético San Lorenzo de Almagro" (Buenos Aires) gewesen sei; die Tifosi seines Heimatclubs nennen sich „Santos", die „Heiligen". 2008 feierte Kardinal Jorge Bergoglio mit ihnen zur 100-Jahr-Feier des Vereins eine Messe. Die Spieler überreichten dabei dem Vereinsmitglied mit der Nummer 88.235 das blau-rote Clubtrikot. Aber auch für den „Clericus-Cup", einer kirchlichen Fußballmeisterschaft, in der Seminaristen und junge Priester in Rom sich miteinander messen, kann sich Papst Franziskus begeistern.

Die Welt zu Gast im Vatikan

Afrika im Schatten von Sankt Peter

Königliche Besucher waren und sind im Apostolischen Palast des Vatikans häufig zu Gast; in den Gärten des Kirchenstaates sind sie jedoch eher selten anzutreffen. Eine Ausnahme machten bis in die jüngere Vergangenheit hinein Prinzen und Monarchen aus Afrika. Wenn sie eine Reise nach Rom unternahmen, führte sie ihr Weg in das Äthiopische Kolleg, das im Nordwesten der Vatikanstadt gelegen ist. 1970 war sogar Kaiser Haile Selassie I. (1892-1975), der letzte Regent Äthiopiens und Kaiser von Abessinien, zu Besuch. Der „Neguse Negest", der „König der Könige", führte seine Dynastie auf das Zusammentreffen König Salomons mit der Königin von Saba zurück.

Von ehrwürdigem Alter ist auch die Kirche Äthiopiens. Ihre Geschichte nahm mit dem Evangelisten Markus, der die Alexandrinische Kirche gründete, ihren Anfang. Aus dieser ging im 4. Jahrhundert der erste Apostel Äthiopiens, der hl. Frumentios, hervor, der dem afrikanischen Land das Christentum brachte. Träger und Bewahrer des Glaubens waren vor allem die dort wirkenden Klöster. Ihre Mönche unternahmen oft Pilgerfahrten in die Ewige Stadt, um Äthiopien als eine „Bastion des Glaubens", die von nichtchristlichen Ländern umgeben war, mit der Kirche in Rom zu verbinden.

Papst Sixtus IV. (1471-1484) überließ den Ordensmännern die Kirche Santo Stefano Maggiore in unmittelbarer Nähe zur Vatikanischen Basilika. 1481 ließ er bei dem Gotteshaus aus dem 5. Jahrhundert ein Hospiz errichten, das Pilgern aus dem fernen Land eine Heimstatt in der Ewigen Stadt geben sollte. Leo X. (1513-1521) wandelte das Hospiz in ein Kloster für die äthiopischen Mönche um. Es wurde ein Ort von herausragender religiöser und kultureller Bedeutung. 400 Jahre später (1919) gründete in ihm Papst Benedikt XV. das „Pontificio Collegio Etiopico", dessen Leitung er italienischen Kapuzinern anvertraute, die in Eritrea als Missionare wirkten.

Das römische Klima und die Nässe in den Mauern des alten Gebäudes bekamen den Seminaristen nicht. Viele von ihnen erkrankten, einige starben sogar. Auf Befehl Pius' XI. entstand in den Vatikanischen Gärten ein neues, großzügig angelegtes Seminar für die äthiopischen Priesteramtskandidaten, das der Pontifex 1930 persönlich einweihte. Seit Ende der 70er Jahre des vergangenen Jahrhunderts beherbergt das Haus keine Seminaristen mehr, sondern Geistliche aus Äthiopien und Eritrea, die nach Rom kommen, um dort ein Lizentiat oder Doktorat zu erwerben. Das Kolleg nimmt Diözesanpriester auf, die dem orientalischen Ritus oder dem Ge'ez-Ritus (der altäthiopischen Liturgiesprache) angehören.

Seit 2003 ist das Haus der Missionskongregation der Lazaristen anvertraut. Geleitet wird es von einem Rektor, der von der Kongregation für die Orientalischen Kirchen, von den Bischofskonferenzen Äthiopiens und Eritreas sowie den Lazaristen gemeinsam bestimmt wird. Er übt für sechs Jahre sein Amt aus, und es gilt die Regel, dass wenn der Rektor Äthiopier ist, der Vizerektor Eritreer sein soll und umgekehrt. Im Kolleg ist Platz für 23 Priester. Im Haus werden neben Italienisch zwei weitere Sprachen gesprochen: Amharisch (verbreitet in Äthiopien) und Tigrinnisch (Nordäthiopien und Eritrea).

Im Oktober 2005 empfing Papst Benedikt XVI. die Bischöfe

Äthiopiens und Eritreas aus Anlass ihres „Ad Limina"-Besuches im Pontificio Collegio Etiopico. Ihnen sagte er: „Die Tatsache, dass sich das Kolleg hier in der Vatikanstadt befindet, ist ein beredtes Zeichen für die engen gemeinschaftlichen Bande, die zwischen der Kirche in euren Ländern und dem Heiligen Stuhl in Rom bestehen. Ihr seid Erben einer alten und ehrwürdigen Tradition christlichen Zeugnisses, dessen Samen ausgesät wurde, als der Kämmerer der Königin der Äthiopier darum bat, getauft zu werden (vgl. Apg 8,36). Mit Freude sehe ich, dass heute die Katholiken in euren Gebieten weiterhin einstimmig den apostolischen Glauben verkünden, der überliefert worden ist, ‚damit die Welt glaubt' (Joh 17,21)."

Die im Kolleg wohnenden Priester leisten ihren seelsorgerlichen Dienst in der Pfarrei „San Tommaso al Parione", der Kirche der in Rom lebenden Äthiopier und Eritreer. Aus pastoralen Gründen dürfen sie die heilige Messe dann auch im lateinischen Ritus feiern. In dem vatikanischen Gotteshaus, das seit der Renaissance „Santo Stefano degli Abessini" heißt, leisten sie keinen festen liturgischen Dienst mehr. Die einstige äthiopische Nationalkirche wird heute überwiegend für Trauungen genutzt.

„Früher suchten sie äthiopische Prinzen und der Negus bei ihren Romfahrten auf", merkt ein Priester aus Addis Abeba an, „heute hat sie eine andere königliche Verwendung." Der Geistliche spielt damit nachsichtig auf die Hochzeit eines katholischen Mitglieds des englischen Königshauses im Vatikan an. Im November 2006 hatte Lord Nicholas Windsor, der Sohn des Herzogs und der Herzogin von Kent, in Santo Stefano der italienisch-kroatischen Adeligen Donna Paola Doimi de Lupis Frankopan das Ja-Wort gegeben.

Spuren deutscher Geschichte

Im Norden der Vatikanischen Gärten findet sich die historische Sendezentrale von Radio Vatikan. An einer Außenwand des Komplexes ist eine Gedenktafel befestigt. Das Bronzerelief, ein Werk des spanischen Bildhauers Ferrer, hatten Katholiken der italienischen Erzdiözese Acerenza und Matera Papst Leo XIII. im Jahre 1887 überreicht; es war ein Geschenk zum 50. Jahrestag der Priesterweihe des Pontifex gewesen. Im Mittelpunkt des Relief thront der Papst, der sowohl dem deutschen Reichskanzler Bismarck als auch dem spanischen Ministerpräsidenten Canova ein Schriftstück überreicht. Neben Leo XIII. erblickt man Kardinalstaatssekretär Ludovico Jacobini; im Hintergrund reichen sich Kaiser Wilhelm I. und König Alfons XII. von Spanien die Hand. Die bronzene Tafel in den Gärten der Vatikanstadt illustriert ein Stück Weltgeschichte.

Am 25. August 1885 hatte Deutschland die Karolinen- und Palauinseln in Mikronesien in Besitz genommen. Ein deutsches Kriegsschiff hisste damals die Reichskriegsflagge auf der Hauptinsel Yap und dokumentierte damit den Anspruch auf die Südseeinseln. Als Begründung nannte man vor allem den Schutz von Handelsinteressen. Die beiden Inselgruppen standen offiziell seit über 200 Jahren unter spanischer Souveränität, doch hatte es das iberische Königreich unterlassen, diese Souveränität auch tatsächlich auszuüben.

Die Besetzung der beiden Inselgruppen durch das Deutsche Reich verursachte auf der iberischen Halbinsel einen

Sturm der Entrüstung. Die Polemik, die in den deutschen und spanischen Zeitungen daraufhin ausgetragen wurde, gewann von Tag zu Tag an Schärfe. Die diplomatischen Noten, die zwischen den Regierungen in Berlin und Madrid ausgetauscht wurden, offenbarten eine derartig aggressive Haltung, dass die Möglichkeit einer freundschaftlichen Verständigung ausgeschlossen zu sein schien. Der Abbruch der Beziehungen und eine kriegerische Auseinandersetzung drohten bereits unvermeidlich zu werden.

Eine mehr zufällige Bemerkung des spanischen Ministers Pidal y Mon über die Unparteilichkeit Leos XIII. veranlasste den deutschen Botschafter in Madrid, Graf Solmy, darüber unverzüglich nach Berlin zu berichten. Otto von Bismarck griff diese Anregung sofort auf, besprach sich mit Kaiser Wilhelm I. und machte dann dem verblüfften spanischen Botschafter in Berlin, Graf Benomar, den Vorschlag, die Angelegenheit einem Schiedsspruch des Heiligen Stuhles zu unterwerfen, da dessen unparteiische Haltung beiden Völkern in gleicher Weise Vertrauen einflöße und dessen Entscheidung von beiden Parteien ohne jeden Prestigeverlust akzeptiert werden könne.

Der Vorschlag wurde unverzüglich der Regierung König Alfons' XII. unterbreitet, die sich ihrerseits beeilte, den Apostolischen Nuntius in Madrid, Erzbischof Mariano Rampolla del Tindardo, zu unterrichten. Mit einem Telegramm vom 22. September 1885 leitete der Apostolische Nuntius die Nachricht an Kardinalstaatssekretär Ludovico Jacobini weiter. Er unterrichtete seinen Vorgesetzten darüber, dass der deutsche Vorschlag den Beifall der spanischen Seite gefunden habe. Am 23. September wurde ein völlig gleicher Schritt durch die Berliner Regierung im Päpstlichen Staatssekretariat unternommen, und zwar durch den Grafen von Monts, den Geschäftsträger der preußischen Gesandtschaft beim Heiligen Stuhl.

Am 25. September ließ Papst Leo XIII. den Regierungen in Berlin und Madrid seine grundsätzliche Annahme bekannt geben. Die Nachricht von diesen Vorgängen wurde sofort öffentlich bekannt und rief in der ganzen Welt eine gewaltige Überraschung hervor. In dreiwöchigen Vorverhandlungen wurden die Rahmenbedingungen für ein schiedsgerichtliches Verfahren festgelegt. Das offizielle Ansuchen um einen Schiedsspruch wurde dem Heiligen Stuhl am 14. Oktober durch den neuen preußischen Gesandten Kurd von Schlözer und am 17. Oktober durch den spanischen Botschafter de Molins überreicht.

Leo XIII. setzte eine Kardinalskommission ein, die am 22. Oktober 1885 zu einem Urteil kam, das dem Papst vorgelegt wurde, sich dessen uneingeschränkter Billigung erfreute und umgehend in ein für beide Seiten akzeptables Vertragswerk gefasst wurde. Spanien bekam die Hoheitsrechte über die Inseln zugesprochen, während Deutschland Freiheit in Bezug auf Handel, Schifffahrt, Fischerei, Ansiedlungen und Kohlenniederlagen erhielt. Am 17. Dezember 1885 erfolgte die Unterzeichnung des Vertrages durch den preußischen Gesandten beim Heiligen Stuhl, Kurd von Schlözer, und den spanischen Botschafter, den Grafen de Molins. Noch am selben Abend gab Kardinalstaatssekretär Ludovico Jacobini einen Empfang, zu dem das ganze beim Heiligen Stuhl akkreditierte Diplomatische Korps geladen war. Dessen Doyen, der österreichische Botschafter, Graf Ludwig Paar, brachte beim Diner einen Trinkspruch auf Leo XIII. aus. Überall in der Welt stieß der Schiedsspruch des Papstes auf Zustimmung, sogar in Großbritannien.

Der Papst verlieh dem deutschen Reichskanzler am 31. Dezember 1885 den sonst nur katholische Monarchen auszeichnenden Christus-Orden, den „Ordine Supremo del Cristo". Der Papst begleitete die Übersendung der Ordensauszeichnung mit Worten der Hochachtung für den Kanzler und seine die Macht des Papsttums anerkennende Weisheit. Fürst Otto von Bismarck begann sein Dankschreiben an den Pontifex mit dem nur den höchsten weltlichen Souveränen gebührenden „Sire". Als der preußische Gesandte dem Papst das Schreiben des Reichskanzlers überbrachte und Leo XIII. das „Sire" las, soll dieser freudig ausgerufen haben: „Er erkennt Uns also als Souverän an!"

Am 15. Januar 1886 hielt der Papst vor dem Heiligen Kollegium der Kardinäle eine Ansprache, in der er die Rückkehr zu jenen Zeiten pries, als das Oberhaupt der Christenheit oberster Richter in Rechtsstreitigkeiten der Völker war. Eine Gedenkmünze, die zur Erinnerung an den päpstlichen Schiedsspruch geprägt wurde, zeigt auf der Vorderseite das Porträt Leos XIII. und auf der Rückseite den Papst zwischen den beiden Ländern Spanien und Deutschland und die Umschrift „Arbiter mundi – Schiedsrichter der Welt".

Der Streit um die Karolinen- und Palauinseln hatte den Papst auf die Weltbühne als handelnde Person zurückgeholt. Zwar zeichnete sich noch keine Lösung der „Römischen Frage" ab und die Probleme mit dem Königreich Italien blieben weiterhin bestehen, aber einer Isolation des Heiligen Stuhles in der internationalen Politik war erfolgreich entgegengearbeitet worden.

Wenn die Madonna Kirchenpolitik macht

Im Jahre 2015, im Marienmonat Mai, wurde der damalige Staatspräsident und Regierungschef von Kuba, Raul Castro, im Vatikan von Papst Franziskus in Audienz empfangen. Nicht weit von dem Ort des Treffens in der Aula Nervi, mitten in den Vatikanischen Gärten, an der Via Pio XI, befand sich seit dem August des Vorjahres eine Kopie der „Virgen de la Caridad del Cobre", der Schutzpatronin Kubas. Die hochverehrte Marienstatue wurde als „Jungfrau der Nächstenliebe" zum Symbol der Befreiung der Karibikinsel von der Sklaverei und dem Kolonialismus. Die Statue der Muttergottes war der Überlieferung nach 1612 von zwei Ureinwohnern Kubas und einem 10-jährigen Sklaven afrikanischer Abstammung aufgefunden worden. Von ihrer himmlischen Schutzpatronin erhoffen sich viele Kubaner mehr Freiheit für die Kirche ihres Landes.

In den Vatikanischen Gärten begegnen Besucher auf Schritt und Tritt der Madonna – einer Muttergottes, die „Kirchenpolitik" betreibt, allein durch die Kraft des Gebetes. Nach dem Ende des alten Kirchenstaates im Jahre 1870 betrachteten sich die Päpste als „Gefangene des Vatikans" und verblieben aus Protest gegen die Eroberung Roms in ihrer Residenz bei Sankt Peter. „Bringen wir die katholische Welt in den Vatikan!", hatte der für den Wallfahrtsort Lourdes zuständige Bischof von Tarbes, Monsignore François-Xavier Schoepfer, die Katholiken in aller Welt, insbesondere aber diejenigen Frankreichs, zu einer ungewöhnlichen Spendenaktion aufgerufen. Sie sollte eine maßstabgerechte Nachbildung der Grotte von Lourdes in den Vatikanischen Gärten ermöglichen.

Kurz vor seinem Tod konnte Papst Leo XIII. das außergewöhnliche Geschenk übergeben werden. Das „vatikanische Lourdes" lädt seitdem bis zum heutigen Tag zum Gebet ein. In den Marienmonaten Mai und Oktober finden sich hier Gläubige zu Rosenkranzgebet, Andachten und Messfeiern ein; zu diesen Anlässen ist dann allen der Zutritt zur Vatikanstadt möglich. Zu den 150-Jahr-Feiern der Marienerscheinungen in Lourdes war Benedikt XVI. im September 2008 nach Frankreich gereist. Dort hatte der Papst den französischen Katholiken versichert: „Sooft ich vor der Nachbildung der Lourdesgrotte stehe, die sich seit über einem Jahrhundert in den Vatikanischen Gärten befindet, werde ich an euch denken".

Papst Benedikt XV. (1914-1922) unternahm seine Spaziergänge, indem er in seiner Privatbibliothek oder auf den Balkonen und Loggien des Damasushofes auf und nieder ging. An Besuchen in den Vatikanischen Gärten fand er kein besonderes Interesse; es vergingen oft Wochen, ohne dass er einen Fuß in sie hineinsetzte. Wenn er aber dort mit der Kutsche einen Ort aufsuchte, dann war es die Kapelle der „Madonna della Guardia". Hier verehrte Benedikt XV. die von Giovanni Battista Conti geschaffene getreue Nachbildung der Muttergottesstatue, die über dem Hafen seiner Heimatstadt Genua wacht. Sie war ihm 1917 geschenkt worden. Der große Friedenspapst musste in seinen diplomatischen Bemühungen herbe Rückschläge einstecken und erbat im Gebet zur „Madonna della Guardia" Schutz und Trost für die vom Krieg geplagten Völker Europas.

Unweit vom wehrhaften Johannesturm der Leoninischen

Mauer erhebt sich ein von Antonio Ponzanelli geschaffenes Monument, das Papst Pius XII. von den Gläubigen Mexikos zum Geschenk erhalten hat. Es zeigt das „Wunder von Guadalupe" aus dem Jahre 1531. Auf dem Denkmal aus weißem Marmor erblickt man den Indio Juan Diego Cuauhtlatoatzin (1474-1548), der dem ersten Erzbischof von Mexiko, Juan de Zumárraga OFM, das Abbild der Muttergottes zeigt, das sich auf wundersame Weise in seinen Mantel eingeprägt hatte. Das Monument war dem Papst im September 1939 übergeben worden, während einer kurzen Zeitspanne, in der sich die leidgeprüften Katholiken Mexikos von der Unterdrückung durch den Staat erholen konnten.

Nahe beim idyllischen Französischen Garten mit seinem verspielten Fröschebrunnen präsentiert sich die „Madonna von Fatima" als Schutzmantelmuttergottes. Das Denkmal ist ein Werk, das der Amerikaner Frederick Shradi geschaffen hat. Es trägt das Datum vom 13. Mai 1981 und erinnert an den Tag des Attentats auf Johannes Paul II., als der Papst bei der Generalaudienz auf dem Petersplatz von einer Kugel niedergestreckt wurde, aber überlebte. Seine Errettung schrieb der Pontifex der Muttergottes von Fatima zu. Der 13. Mai ist aber auch der Jahrestag der Marienerscheinungen in dem berühmten portugiesischen Wallfahrtsort. Fatima war der große Aufruf Mariens an die Gläubigen in aller Welt, für die Bekehrung Russlands zu beten.

Vom „Elioporto", dem Hubschrauberlandeplatz des Vatikans, unternahm Johannes Paul II. zahlreiche Flüge innerhalb Italiens oder er flog von dort nach Ciampino oder Fiumicino, von wo aus er Pastoralreisen zu allen Kontinenten antrat. Den kleinen „Flughafen" der Vatikanstadt bewacht ein Geschenk des Klosters Jasna Góra in Tschenstochau (Polen): die im Heimatland des Papstes hochverehrte „Schwarze Madonna". Die bronzene Marienstatue mit dem Jesuskind im Arm und einer großen goldenen Krone auf dem Haupt sollte ein Dank für all das sein, was der Pontifex für die Befreiung seines Heimatlandes von der kommunistischen Herrschaft geleistet hatte.

Eine Mariendarstellung in den Vatikanischen Gärten gewann im Heiligen Jahr 2015/16 an Bedeutung. Bei der ehemaligen Palazzina Leos XIII. ist eine große azurblaue Keramik angebracht. Sie zeigt eine Kopie der berühmten Marienikone „Madonna della Misericordia – Madonna der Barmherzigkeit" aus Savona in Ligurien. Sie wurde Papst Johannes Paul II. im Mai 1995 von der Diözese und den Bruderschaften Savonas geschenkt. Im 16. Jahrhundert soll die Muttergottes am Fluss Letimbro mehrfach erschienen sein und ihren Sohn für die Menschen um Barmherzigkeit angefleht haben. Die Kopie des Madonnenbildnisses wurde von Renata Minuto angefertigt und ist vermutlich das erste Kunstwerk einer Frau in den Gärten des Kirchenstaates.

Fremde Blumen für den Papst

1985 stattete Papst Johannes Paul II. dem Königreich der Niederlande einen Pastoralbesuch ab. Die Visite des Heiligen Vaters stieß auf heftigen Protest und wurde von unschönen Demonstrationen begleitet. Er hoffe, zumindest die für sein Heimatland typischen Blumenarrangements hätten das Wohlwollen des Papstes gefunden, äußerte sich ein Prälat aus Utrecht entschuldigend gegenüber den Mitgliedern der vatikanischen Delegation. Und wenn es auch dem Geistlichen kein echter Trost war: Die Blumenpracht war dem Papst durchaus ins Auge gefallen. Denn Johannes Paul II. bat vor seinem Abflug ausdrücklich darum, den Verantwortlichen hierfür zu danken. Die niederländischen Floristen zeigten sich erfreut – und erkannten ihre Chance.

Als im November 1985 der aus Oegeklooster bei Bolsward stammende und im Konzentrationslager Dachau von den Nationalsozialisten ermordete Karmeliterpater Titus Brandsma (1881-1942) in Rom selig gesprochen wurde, gaben sie der Feier mit ihren Blumenarrangements einen würdigen Rahmen. Als ein weiteres päpstliches Lob folgte, beschloss man 1986 erneut in den Vatikan zu kommen und den Ostersonntag zu verschönern. Aus einer einmaligen Gelegenheit wurde dann eine Tradition, die bis zum heutigen Tag andauert. „Bedankt voor de bloemen". Auf diese Dankesworte des Papstes freuen sich die niederländischen Katholiken jedes Jahr.

Eine unvergleichliche und in aller Welt bekannte Gartenanlage sind die „Giardini Vaticani". Als „Schöpfer" der Vatikanischen Gärten wird Papst Nikolaus III. (1277-1280) angesehen. Er ließ im Nordwesten seines Palastes ein „pratellum" (Rasen), ein „viridarium" (Ziergarten) und ein „pomerium" (Obstgarten) anlegen. 2001 erfolgte die Erstellung des „Index Plantarum Vaticani Horti". In der ersten wissenschaftlichen Bestandsaufnahme und Katalogisierung der vatikanischen Flora wurden an die 100 botanische Familien, 380 Gattungen, 340 Arten und über 6.900 Exemplare in messbarer Größe verzeichnet. Viele der Pflanzen in den Vatikanischen Gärten sind Geschenke an den Papst.

Nicht weit von seiner kleinen „Sommerresidenz", einer Palazzina, gelegen, wurde von Leo XIII. ein Botanischer Garten angelegt. Von ihm ist heute nur noch ein uralter Korallenbaum, eine „Erythrina crista-galli", aus Brasilien erhalten. Papst Paul VI. erhielt eine Zeder aus dem Libanon übersandt. Anlässlich der Aufnahme von diplomatischen Beziehungen zum Heiligen Stuhl schenkte der Staat Israel Papst Johannes Paul II. 1995 einen Ölbaum. Beim Gouverneurspalast der Vatikanstadt sind Nolina-Pflanzen (Elefantenfuß) aus Mexiko angesiedelt. Unweit des Regierungssitzes trifft man auf Kakteen aus Lateinamerika und Afrika.

Die Alleen, die vom Französischen Ziergarten wegführen, beherbergen eine Schwarztanne aus der Steiermark (Österreich), eine Linde aus der Slowakischen Republik und eine Buche aus Slowenien. Wer sich zum Johannesturm begibt, findet dort Ölbäume, dem Papst von der italienischen Region Apulien überreicht in Erinnerung an das Heilige Jahr 2000. Beim Fischteichbrunnen können Dattelpalmen bewundert werden, ein Geschenk Spaniens aus dem Jahre 2002. Aus dem Kaiserreich Japan kamen Kirschblütenbäume in die Gärten. Der Botanische Garten von Neapel bedankte sich bei Benedikt XVI. für seinen Besuch in der süditalienischen Stadt mit Pflanzen zum Schmuck der Madonna della Guardia.

Ein Blumen-Highlight der Vatikanischen Gärten erschließt sich Pilgern und Touristen erst dann richtig, wenn man sich auf die gewaltige Kuppel von Sankt Peter hinauf begibt. Wer aus dieser Höhe seinen Blick auf die Fläche vor dem Governatorat, dem Regierungsgebäude des Vatikanstaates, richtet, dem zeigt sich ein übergroßes päpstliches Wappen, das ein kleines Wunderwerk der Gartenbaukunst ist. Es besteht aus einem festgesetzten Teil, in den mit Buchsbaum die päpstliche Tiara und die Schlüssel des heiligen Petrus gezeichnet sind. Der Schild setzt sich sowohl aus Dauerpflanzen, als auch aus Saisonpflanzen zusammen, die wegen der im jeweiligen Papstwappen vorherrschenden Farben ausgewählt werden. Oft müssen auch nichtheimische Pflanzen zu der Komposition genutzt werden.

Dem Stolz der vatikanischen Gärtner scheint die Internetseite des Vatikanstaates keine Aktualisierung mehr wert zu sein. Den Pontifikatswechsel im Jahre 2013 hat man verpasst. Und so gibt es nur eine Blumenlegende für das Wappen des deutschen Papstes. „Mit Pfaffenhütchen (Euonymus japonicus L. „Microphyllus Aureovariegatum") wurden alle gelben Felder erstellt: der rechte Schlüssel, Teile des Mohrengesichtes, die Muschel des Wanderers, die Felder um den Mohren und den Bären herum. Aus roter Falterorchidee (Alternanthera amabilis Lem. „Amoena") und schwarzem Maiglöckchen (Ophiopogon japonicus Ker. „Black Dragon") bestehen dagegen das Mohrengesicht, das Bärenfell und das die Muschel umgebende Feld. Aschenkraut (Senecio cineraria DC.) färbt schließlich den linken Schlüssel und umgibt das gesamte Wappen sil-bern."

Zum Schutz der Flora der Vatikanischen Gärten wird zuwei-len auch fremde Hilfe benötigt. So kamen vor Jahren Experten aus San Remo (Ligurien) zum Einsatz. Vom dortigen „Centro Studi e Richerche per le Palme" (Zentrum für das Studium und die Erforschung der Palmen) wurden die Palmen des Kirchen-staates genauestens unter die Lupe genommen. Die Fachleute nahmen den gesamten vatikanischen Palmenbestand in einen Katalog auf, spezifizierten ihn, versuchten festzustellen, ob die Pflanzen schon von einer Krankheit befallen sind, und ergrif-fen vorbeugende Maßnahmen, unter anderem durch das An-bringen von Radiofrequenz-Chips und das Aufstellen von Duft-fallen. Denn als größter Feind der päpstlichen Palmen gilt der „Rhynchophorus ferrugineus" (Rote Rüsselkäfer) – er hat im Umkreis von Rom schon beträchtlichen Schaden angerichtet.

Die Päpste empfangen nicht nur Blumen, manchmal ma-chen sie sie auch ihrerseits zum Geschenk. Papst Franziskus ist ein eifriger Verehrer des „Heils des Römischen Volkes". Schon wenige Stunden nach seiner Wahl suchte er Santa Maria Mag-giore mit einem Blumenstrauß auf; kein wichtiges Unterneh-men, keine größere Reise unternimmt er, ohne vorher vor der Ikone der Muttergottes niederzuknien. Kann er nach seiner Rückkehr von einer Auslandsreise der Marienbasilika keinen persönlichen Besuch abstatten, lässt er dem „Salus Populi Ro-mani" von der päpstlichen Gendarmerie einen Blumenstrauß überbringen, zumeist in den Farben des Vatikanstaates, Gelb und Weiß.

Im Päpstlichen Umland

Eine Hafenstadt mit päpstlicher Vergangenheit

Civitavecchia, gut 70 Kilometer vor den Toren Roms gelegen, ist eine der bedeutendsten Hafenstädte Italiens, sowohl was das Waren- als auch das Passagieraufkommen betrifft. Etwa 1,5 Mio. Kreuzfahrtgäste und Nutzer von Fähren verzeichnet die Hafenbehörde der Stadt in Latium alljährlich. Die Herbstmonate entlassen Tausende von Passagieren der großen Kreuzfahrtschiffe ans Land. Kostenlose Shuttlebusse bringen sie alle 20 Minuten zur Hafenausfahrt. Von dort sind es nur wenige Schritte und man betritt die Innenstadt von Civitavecchia. Die Besucher sind oft überrascht. Sie sehen sich in einen kleinen, schmucken Ort versetzt.

Heute vermag kaum jemand Mark Twain (1835-1910) zu verstehen, der Civitavecchia in seinem Reisebericht des Jahres 1869 mit wenig schmeichelhaften Worten erwähnt: „Dieses Civita Vecchia ist das feinste Drecknest und Domizil von Ungeziefer und Unwissenheit ... Diese Gässchen sind mit Steinen gepflastert und mit einem Teppich bedeckt, der aus toten Katzen, vermoderten Lumpen, verwesten Gemüseabfällen und Überbleibseln alter Schuhe besteht, alles mit Spülwasser durchtränkt, und die Leute sitzen auf Schemeln herum und genießen das ... Ein Teil der Männer geht zum Militär, die anderen werden Priester und der Rest wird Schuster ... Hier gibt es nichts zu sehen".

Aber auch der französische Schriftsteller Marie-Henri Beyle (1783-1842), besser bekannt unter seinem Pseudonym „Stendhal", tat sich mit seinem Aufenthalt in der päpstlichen Hafenstadt nicht leicht; er wirkte dort seit 1831 als Konsul Frankreichs. Hier entstand sein berühmter Roman „Le Chartreuse de Parme – Die Kartause von Parma". Am Beginn des Corso Centocelle erinnert eine Marmortafel daran, dass dort der Dichter und Diplomat Wohnung genommen hatte. Stefan Zweig nannte in einer Biografie Stendhals Civitavecchia „einen kalkweisen, bösen Brutkessel, öde, langweilig" und zitierte Beyles Ausspruch: „Man krepiert vor Langeweile". Lord Byron (1788-1824) hingegen gestand Civitavecchia zu, „charmanter" zu sein als die Hafenstädte seiner englischen Heimat.

Civitavecchia geht auf eine etruskische Gründung zurück. An Bedeutung gewann der Ort an der Küste Latiums unter der Bezeichnung „Centumcellae", als Kaiser Trajan (53-117) den Bau eines Hafens anordnete. Später stand er bis zum 8. Jahrhundert unter Kontrolle von Byzanz. Die schon immer engen Bindungen zu Rom führten 1432 dazu, dass er endgültig dem Kirchenstaat einverleibt wurde, bei dem er bis zum Jahre 1870 verblieb. Bis dahin war Civitavecchia neben Ancona der wichtigste Handels- und Kriegshafen der Päpstlichen Staaten. Hatte die Stadt in der Vergangenheit militärische Angriffe und Belagerungen in der Regel gut überstanden, so erlebte sie ihre schlimmsten Tage im II. Weltkrieg. Obschon Civitavecchia als eine Hochburg des italienischen Widerstands galt, wurde es von alliierten Bombern in Schutt und Asche gelegt und dem Erdboden fast gleichgemacht.

Die wiederaufgebaute Stadt bekennt sich eindrucksvoll zu ihrer maritimen Vergangenheit im Dienste des Papstes. Vom Hafenausgang führt ein nur zehnminütiger Weg zur Kirche „Santa Maria dell'Orazione e Morte". Das Gotteshaus birgt eine historische Besonderheit. Die hölzerne Brüstung der Orgelempore ist aus dem Deck einer Galeere gefertigt. Sie stammt von der „San Pietro", dem Flaggschiff der päpstlichen Flotte, das im Verbund mit anderen europäischen Seemächten 1571 bei Lepanto einen glanzvollen Sieg über die Hohe Pforte errungen hatte. An vielen historischen Gebäuden der Stadt sind Inschriften angebracht, die Civitavecchia als Hauptstützpunkt der päpstlichen Marine in Erinnerung rufen; oft weisen sie als Urheber den „Generalschatzmeister der Heiligen Römischen Kirche" auf, der für das Flottenwesen des Kirchenstaates verantwortlich zeichnete. Sogar noch in unseren Tagen bestimmt ein imposanter militärischer Bau das Bild der Stadt.

1508 wurde in Civitavecchia von Julius II. der Grundstein für die mächtige Seefestung der Hafenstadt gelegt. Baumeister des Forts waren Donato Bramante, Giuliano Leno und Antonio da Sangallo. Namensgeber der Festung ist nicht, wie oft fälschlich angenommen, Michelangelo Buonarotti. Benannt wurde die Festung nach dem Erzengel Michael. Nach langer Nutzung durch die päpstliche Flotte ging sie 1870 in den Besitz Italiens über. Sie diente lange Zeit als Sitz der Hafenmeisterei von Civitavecchia und beherbergt eine Kaserne, die den Namen des letzten Kommandanten der Marine des Papstes, Alessandro Cialdi (1807-1882), erhielt. Die Erinnerung an Cialdi hält zudem – nur einen Steinwurf entfernt – in der „Chiesa della SS. Concezione" ein eindrucksvolles Grabmal aus Marmor wach.

In Civitavecchia versteht man es, Geschichte auf eine ganz besondere Art und Weise in die Gegenwart zu integrieren. Dort, wo die zahlreichen Kreuzfahrtgäste und Passagiere der Fähren mit Shuttle-Bussen zum Hafenausgang gebracht werden, empfängt eine kleine unscheinbare Pizzeria die Besucher. Sie nennt sich „Mastro Titta". Hinter dem seltsam anmutenden Namen verbirgt sich eine historische Berühmtheit: Giovanni Battista Bugatti, der für 67 Jahre, von 1796 bis 1864, das Handwerk des Scharfrichters in den Päpstlichen Staaten ausübte. „Mastro Titta" war die Verballhornung des Ausdrucks „Maestro di Giustizia – Meister der Gerechtigkeit" und wurde erstmals für Giovanni Battista Bugatti verwendet. Später sollte „Mastro Titta" im Italienischen die volkstümliche Bezeichnung für den Scharfrichter werden.

Der legendäre Henker konnte auf die stolze Zahl von 516 Hinrichtungen verweisen. Die historischen Quellen verraten, dass Mastro Titta in Ausübung seines Amtes mehrfach von Rom nach Civitavecchia gereist war, um unweit der Pizzeria, bei der „darsena romana", dem alten Hafenbecken der Stadt, der Gerechtigkeit Genüge zu tun. Alessandro Adamello, ein Zeitgenosse Mastro Tittas, sah in ihm „das Modell eines Scharfrichters, ein Künstler (,artista'), wahrhaft würdig des Schauspiels, in das er berufen wurde, die ihm entsprechende Rolle zu übernehmen". An der alten historischen Hinrichtungsstätte müssen sich heute Passagiere von Kreuzfahrtschiffen und Einheimische in der kleinen Gaststätte indessen mit der Kunst des Pizzabackens begnügen.

Eine vergessene Sommerfrische

In der Antike, zu Zeiten der römischen Republik und zu Beginn der kaiserlichen Herrschaft über die Ewige Stadt, dürfte es eine Reihe von Männern gegeben haben, die auf der Rednerbühne des Forum Romanum nicht nur von staatstragenden Ideen und Überzeugungen erfüllt waren. Manch einer von ihnen wird beim Anblick der „rostra", der Schiffsschnäbel, die das Rednerpodium schmückten, an einen launigen Sommerabend in Antium, der Hafenstadt am Tyrrhenischen Meer, gedacht haben, an kühle Weine und verführerische Speisen. Im Jahre 338 v. Chr. hatten die Römer im Latinerkrieg den dort lebenden Stamm der Volsker unterworfen und den Hafen von Antium (Anzio) in Besitz genommen. Die Schiffsschnäbel der dabei erbeuteten Schiffe wurden nach Rom gebracht und auf dem Forum Romanum unterhalb des Kapitolinischen Hügels als Siegestrophäen aufgestellt. Die „rostra" erinnerten reiche und einflussreiche Römer daran, dass sie prachtvolle Villen in Antium besaßen.

Cicero und Maecenas verfügten in dem Ort, der eine Tagesreise, knapp 60 Kilometer, von Rom entfernt war, über beachtliche Landhäuser. Marcus Tullius Cicero, der berühmte Redner und Politiker, hatte in seiner Villa sogar einen Großteil seiner Bibliothek untergebracht. Augustus empfing in der Hafenstadt die Gesandtschaft, die ihm den Titel „Pater Patriae – Vater des Vaterlandes" antrug. Caligula und Nero wurden in Antium geboren. Reste der Villa Neros sind bis in unsere Zeit erhalten geblieben. Das 3. Jahrhundert nach Christus vermerkte erstmals einen längeren Aufenthalt eines künftigen Papstes in der Hafenstadt. Der spätere Papst Kalixt I. (217-222) war von seinem Vorgänger Viktor I. nach Antium geschickt worden, um sich dort von schweren körperlichen Schäden zu erholen – Kalixt war ein Galeerensklave gewesen und hatte in den Minen von Sardinien als Sträfling arbeiten müssen.

Im Mittelalter verlor der Ort an Bedeutung. 1496 entschied Alexander VI., den Hafen von Anzio zuschütten zu lassen. Die günstige Lage von Anzio schien dem Papst zu verführerisch für das Anlegen von Piratenschiffen und Galeeren des Osmanischen Reiches zu sein. Erst 200 Jahre später entriss Innozenz XII. (1691-1700) Anzio der Vergessenheit. Der Papst hatte 1697 auf einer Reise nach Nettuno die Wiedererrichtung des Hafens angeordnet, die ihren Abschluss unter Klemens XI. (1700-1721) fand. Von da ab suchten die Päpste den Ort immer häufiger auf, meist jedoch nur für wenige Tage. Manchmal segelten sie mit einer ihrer Galeeren von Civitavecchia nach Anzio. Ein verstärktes Interesse an Porto d'Anzio als päpstliche Sommerfrische sollte erst Pius IX. (1846-1878) an den Tag legen.

1852 entschloss sich Pius IX., die Villa Albani in Anzio als „Palazzo Pontificio" zu erwerben. Als Kaufsumme ist der Betrag von 53.000 Scudi belegt. Zwar war die Villa in erster Linie als ein Ort der Erholung gedacht, aber der Pontifex nutzte seine Sommerfrische – so wie es die Päpste in Castel Gandolfo taten – für Regierungsgeschäfte. Hier fanden sogar Staatsbesuche statt; so empfing der Papst in seiner Villa Ferdinand II., den König beider Sizilien. Oft wurden für den Papst, den mitreisenden Hofstaat und die Gäste Feuerwerke und Konzerte gegeben. Im Monat August verließ Pius IX. in der Regel Porto d'Anzio. Dann nämlich schien die Gefahr zu groß, dass der Papst und seine Begleitung an Malaria erkrankten. Der Pontifex aber dachte durchaus an die Bevölkerung, die ebenfalls dieser Gefahr ausgesetzt war. Mit dem Beginn seines Pontifikates hatte er große Anstrengungen unternommen, dieser Plage entgegenzuwirken, so durch die permanente Trockenlegung von Sümpfen.

Wie sehr Pius IX. den Aufenthalt in Anzio schätzte und er sich die Vorfreude auf die Sommerfrische durch „Verletzungen" des Protokolls nicht nehmen ließ, ist in den Memoiren des Grafen Carlo Calcagni festgehalten. Der römische Aristokrat überliefert in ihnen eine Episode, die seinen Vater betraf. Der Graf gehörte zu der Eskorte, die den Pontifex nach Anzio zu geleiten hatte. Bei Cecchina erfuhr die Reise eine unerwartete Unterbrechung. Der Papst erkundigte sich nach dem Grund und erfuhr, dass man jemanden aus seiner Begleitung in Arrest genommen habe. Der junge Graf, der kurz zuvor eine Verlobung eingegangen war, hatte in einem Anflug von Übermut die Eskorte verlassen und einen kleinen Ritt durch ein angrenzendes Wäldchen unternommen. Der kommandierende Offizier des Geleitzuges führte diese Eskapade des Grafen Calcagni auf dessen momentane Verliebtheit zurück und berichtete dies auch dem Papst. Pius IX. schmunzelte, befahl den Arrest aufzuheben und ließ dem Aristokraten ausrichten, er habe ihm bei nächster Gelegenheit seine Verlobte vorzustellen.

Ausländische Besucher, Reisende, Künstler und Wissenschaftler nahmen die Aufenthalte des Papstes in Porto d'Anzio mit Interesse wahr. So notierte Ferdinand Gregorovius 1854 in seinen Aufzeichnungen: „Attikus, Lukullus, Cicero, Mäzenas und Augustus hatten hier ihre Villen, und wo, in welchem kühlen Gebirge, an welchem lieblichen Strande Italiens hätten die Glücklichen nicht ihre Villen gehabt! Wie muss einst dieses Ufer von all dem Gestein geglänzt haben, das die Welle nun als Scherben der Geschichte fort und fort und schon Jahrhunderte lang an den Strand wirft! Diese Trümmer bringen einen seltsam elegisch-geschichtlichen Zug in die Idylle Antiums, und die erinnerungsvolle Stimme, welche den Wanderer hier überall begleitet, erhöht nicht wenig den Reiz des Ufers ... So sitzt man denn hier auf einem zertrümmerten Römerpalast, den die Wellen umrauschen, und spricht dem Horaz nach: ‚O diva, gratum quae regis Antium / Praesens vel imo tollere de gradu / Mortale corpus, vel superbos / Vertere funeribus triumphos! (O Göttin, welche das heitere Antium beherrscht, du erhebst machtvoll den Sterblichen aus tiefem Staub oder verwandelst den stolzen Triumph in Begräbnisklage)'.

Pius IX. hat gegenwärtig die ansehnliche Villa gekauft, welche der berühmte Kardinal Alexander Albani im Jahre 1710 erbauen ließ. Die Villa in Antium ist ein Palast im Luxusgeschmack jener Zeit, in einem großen, doch verwilderten Garten, welcher an Blumen und Zierbäumen arm ist, aber an Orangen Überfluss hat. Hier kann der Papst in einer ländlicheren Einsamkeit leben als in Kastell Gandolfo; er muss selbst den Anblick der elenden Strohhütten ertragen, in welchen arme Fischerfamilien wohnen, und einen noch schlimmeren. Denn hart am Molo liegt der Bagno [Zuchthaus], ein großes, vom Kastell auf der einen und von einer Kirche auf der andern Seite umschlossenes Haus ... Ein Bagno und ein idyllischer Sommeraufenthalt des Heiligen Vaters scheint wenig zusammenzustimmen; doch das ist echt römisch, denn irgend ein Widerspruch und Mißton muß sich in dem römischen Leben und mitten in der paradiesischen Natur offenbar machen. Der Papst will übrigens Antium wieder emporheben; er läßt viele Häuser bauen; er hat gesagt, er wolle den Anblick der schimpflichen Strohhütten nicht länger dulden."

Sein Interesse und Engagement für die Hafenstadt bewies Pius IX. durch ein Dekret vom 26. Juni 1856, das am 1. Januar 1857 in Kraft trat. Mit dieser päpstlichen Verfügung erhielt Anzio seine kommunale Selbstständigkeit. Als der Papst im Jahre 1870 den Kirchenstaat – und damit auch Porto d'Anzio – an das Königreich Italien verlor, ging die Villa Albani in den Besitz der neuen Landesherren über. Schon bald wurde die ehemalige päpstliche Sommerfrische zu einem Hospital umgebaut und die Sorge um die Kranken einem katholischen Schwesternorden, den „Suore della Carità di S. Giovanna Antida", anvertraut. Urlaub konnten die Päpste dort seit 1870 nun nicht mehr machen.

Doch mehr als 100 Jahre später erlebte die Villa Albani wieder den Besuch eines Papstes; am 3. September 1983 durfte sich das Krankenhaus über eine kurze Visite Johannes Pauls II. freuen. Man legte dem Nachfolger Pius' IX. Fotos aus der Zeit seines Vorgängers zur Betrachtung vor. Der Papst zeigte sich erstaunt darüber, wie sehr das Äußere der Anlage sein altes Erscheinungsbild bewahrt hatte.

Castelfidardo, 18. September 2010

Die Bar in der Via Manzini im Zentrum von Castelfidardo in der Provinz Ancona (Italien) ist in den frühen Morgenstunden gut besucht. Der Besitzer hat soeben den Lautstärkeregler des nicht mehr ganz so neuen Radioapparates in die Höhe geschoben, fast bis zum Anschlag. Aus dem Gerät dringt die hektische Stimme eines Reporters. Er berichtet von blutigen Gefechten. Man hört, dass er sich auf einem Schlachtfeld befindet. Immer wieder werden seine Worte von heftigem Kanonendonner und schnellen Gewehrsalven übertönt. Die Gäste in der Bar lauschen gespannt den Schilderungen des Kriegskorrespondenten. An so manchem Tisch wird der Espresso an diesem Morgen kalt und bleibt die Tages- oder Sportzeitung unaufgeschlagen, so sehr fesselt die Reportage die Zuhörer. Nach knapp einer Stunde endet die Übertragung. Von den Tischen kommt der Ruf nach neuem, frischen Espresso. Der Padrone der Bar bringt den Lautstärkeregler des Radios wieder in seine übliche Position und nimmt die Bestellungen auf.

Die dramatischen Ereignisse, von denen aus dem Radio berichtet wurde und die eine aufmerksame Zuhörerschaft fanden, stammten nicht von einem Einsatz italienischer Nato-Truppen, sondern sie kamen aus der Vergangenheit; sie spielten sich nur wenige hundert Meter vom Ortsrand Castelfidardos ab – am 18. September 1860. An diesem Tag versuchten die Soldaten des Papstes eine Einverleibung großer Teile des Kirchenstaates in das künftige Königreich Italien zu verhindern.

Bei zwei Gehöften an dem kleinen Fluss Musone trafen Einheiten des päpstlichen Heeres auf die Invasionsarmee König Viktor Emanuels II. Die Truppen Pius' IX., die sich einer gewaltigen Übermacht gegenüber sahen, wurden in einer blutigen Schlacht aufgerieben und mussten sich dem Feind ergeben. Einigen Verbänden des päpstlichen Heeres gelang der Rückzug in die Seefestung Ancona, die jedoch elf Tage später nach einem Dauerbeschuss, der sowohl von Land als auch von See aus geführt wurde, gezwungen war zu kapitulieren.

1859 war die Romagna von Aufständen gegen die weltliche Herrschaft der Päpste erschüttert worden. Als sich die österreichischen Truppen, die dort seit Jahren stationiert waren und die Autorität Roms zu wahren halfen, zurückzogen, ging diese bedeutende und reiche Provinz für den Kirchenstaat verloren. Als im darauffolgenden Jahr eine Annektierung der Marken und Umbriens durch das savoyische Königreich drohte, hatte sich der Papst entschlossen, sein kleines und für Kriegseinsätze schlecht gerüstetes Heer neu zu organisieren. Für den militärischen Oberbefehl gewann er den ehemaligen französischen General Louis-Christophe-Léon Juchault de Lamoricière. Der erfahrene Militär war maßgeblich an der Eroberung Algeriens im Jahre 1847 beteiligt gewesen und hatte in der Zweiten Republik das Amt des Kriegsministers innegehabt.

Mit den einheimischen Truppenteilen und den schon bestehenden Fremdenregimentern, die sich überwiegend aus Schweizern zusammensetzten, sollten aus aller Welt angeworbene katholische Freiwillige die „neue" Armee des Papstes stellen. Im Spätsommer 1860 konnten dem Papst Einheiten wie die „Compagnie des Tirailleurs Franco-Belges" und das von Iren gebildete „Bataillon of St. Patrick" präsentiert werden. Aber schon am 11. September marschierten italienische Truppen in den Kirchenstaat ein, und die gerade erst begonnene Ausbildung der neuen Verbände fand ein vorzeitiges Ende. Den oberflächlich rekrutierten, kaum instruierten und unzureichend bewaffneten Streitern für die Rechte des Papstes standen die professionell ausgebildeten und gut gerüsteten Soldaten des Königs gegenüber.

Bei Castelfidardo kam es zum militärischen Desaster der päpstlichen Armee. Dem Kampf gegen einen übermächtigen Feind waren Grenzen gesetzt. Viele Soldaten wurden fahnenflüchtig, besonders in den von Schweizern dominierten Fremdenregimentern. Im Gegensatz hierzu bewiesen die neu angeworbenen Truppen außergewöhnlichen Mut. Die mit Todesverachtung kämpfenden französisch-belgischen Schützen und irischen Freiwilligen verschafften sich auf dem Schlachtfeld von Castelfidardo den Respekt und die Bewunderung ihrer Gegner. Aus der „Compagnie des Tirailleurs Franco-Belges" entstanden Anfang 1861 die „Päpstlichen Zuaven", ein „corps d'elite", das noch neun Jahre mithalf, die Existenz des Kirchenstaates zu sichern.

„Castelfidardo hat eine große Bedeutung für die Geschichte unseres Landes", betont der Historiker Eugenio Paoloni mit großem Nachdruck. Für den Vorsitzenden der „Fondazione Duca Roberto Ferretti", der Stiftung eines Verwandten Pius' IX., besitzt die Schlacht am 18. September Symbolcharakter: „Mit ihr wird das letzte Kapitel des Risorgimento eingeleitet, sie steht mit erbarmungsloser Härte für den Fall der weltlichen Herrschaft der Päpste." Die Stiftung mit Sitz in Castelfidardo befasst sich seit mehr als einem Jahrzehnt mit den Ereignissen des Jahres 1860 und versucht sie einer objektiven Sicht zuzuführen. „Über viele Jahrzehnte hinweg wurden die päpstlichen Soldaten, die in den Marken und Umbrien kämpften, als ‚Söldner' und ‚Mietlinge' tituliert; heute sehen wir in ihnen Menschen, die sich aus ihrem Glauben und ihrer Überzeugung heraus aufgerufen sahen, für die ihrer Überzeugung nach unabdingbaren Rechte des Papstes zu streiten und sogar ihr Leben zu geben", merkt Paoloni an, „die Zeiten des ‚Papa-Re' (Papstkönig) gehören der Vergangenheit an, die Päpste der Gegenwart sind hochgeachtete geistliche Oberhäupter, die nicht mehr auf eine weltliche Herrschaft hinzielen".

Alljährlich wird am 18. September der Gefallenen der Schlacht gedacht, und zwar der Gefallenen beider Seiten. „Die Barrieren von einst haben wir heute überwunden", definiert der Präsident der Ferretti-Stiftung das Verhältnis zu den „nemici di allora", den Feinden von einst. Immer häufiger kommen aus Frankreich und Belgien Nachfahren päpstlicher Soldaten nach Castelfidardo. Sie werden dort herzlich empfangen. „Wir heißen sie als Freunde willkommen, informieren sie über die neusten Forschungen und begleiten sie zu den Orten der Schlacht", erklärt Eugenio Paoloni.

Die Gemeinde Castelfidardo gedachte der Schlacht von 1860 mit zahlreichen, teils ungewöhnlichen Initiativen. Zu ihnen gehörte auch die „Reportage aus der Vergangenheit", die der Lokalsender „Radio Castelfidardo Uno" mit großem Aufwand in Szene gesetzt hatte. Unter dem Thema „Le scuole e la battaglia di Castelfidardo" präsentierten die Schulen der Gemeinde ihren Beitrag zum Jubiläum. Bereits zu Beginn des Jahres hatten Design-Studenten des „Centro Sperimentale Poliarte" in Ancona Entwürfe für das Logo und die Plakate der 150-Jahr-Feier vorgestellt. Neben Gedenkveranstaltungen, Vorträgen und Ausstellungen wollten „Animationen", Kostümgruppen und Militärkapellen, anschaulich und hörbar in das Jahr 1860 zurückführen.

„Geschichte kann auch interessant vermittelt werden", stellte Mirco Soprani, der Bürgermeister von Castelfidardo, in einem Interview zu den Jubiläumsveranstaltungen zufrieden und mit kaum überhörbarem Stolz fest.

Hoch über dem Albaner See

Gut vier Jahrhunderte pflegten die Päpste sich für die Zeit des heißen römischen Sommers in die Albaner Berge zu begeben, nach Castel Gandolfo. Der klimatisch angenehme Ort liegt ungefähr 25 Kilometer südöstlich von Rom entfernt, mit einem herrlichen Ausblick auf den Lago di Albano.

Die Sommerresidenz der Päpste steht auf geschichtsträchtigem Boden. Castel Gandolfo ist das aus der römischen Sage bekannte Alba Longa, das von Ascanius, dem Sohn des Aeneas, gegründet worden sein soll. Die römischen Kaiser Claudius (41-54) und Domitian (81-96) ließen dort prächtige Villen errichten; Überreste der einstigen Bauten sind noch heute zu sehen. Die Villa des Domitian diente ihrem erlauchten Besitzer nicht nur als Ort der Muße; hier gewährte der Imperator Audienz, lud zu Sitzungen des römischen Senats ein und setzte unter bedeutsame Dekrete das kaiserliche Siegel. Aber schon mit dem Tod Domitians im Jahre 96 setzte der Verfall der prächtigen Villenanlage ein. Im hohen Mittelalter bauten die Gandulfi, eine genuesische Familie, auf dem Gebiet der ehemaligen kaiserlichen Villen eine Burg. Später ging sie in den Besitz römischer Adelsgeschlechter über. Im Jahre 1604 fiel sie an die Apostolische Kammer.

Der erste Papst, der sich in Castel Gandolfo aufhielt, war Urban VIII. (1623-1644). Schon lange vor seiner Wahl hatte er sich häufig dorthin begeben, um Ruhe und Erholung zu finden. Im Gebiet von Castel Gandolfo besaß er als Kardinal ein

Haus und einen Weinberg. Maffeo Barberini hatte sich als Poet einen Namen gemacht. In einem seiner lateinischen Sonette erhob er „den Geist von der Lieblichkeit der Villa zu Castel Gandolfo zur Betrachtung der ewigen Schönheit". Urban VIII. beauftragte berühmte Architekten – Carlo Maderno, Bartolomeo Braccioli und Domenico Castelli – mit der Umgestaltung der Burg in eine für eine Papstresidenz geeignete Anlage. Der Pontifex sorgte auch für die ersten befestigten Straßen nach Castel Gandolfo.

Alexander VII. (1655-1667) erweiterte und vollendete den Bau, den er häufig bewohnte und wohin er sogar die Mitglieder des Heiligen Kollegiums einlud. Unter diesem Papst wurden in der Villa große Festlichkeiten veranstaltet, und auf dem Albaner See fanden sogar Kampfspiele statt. Alexander sorgte dafür, dass es in der Umgebung des sonnigen Sommersitzes nicht an Schatten fehlte. Die große Allee, die von Castel Gandolfo am Kapuzinerkloster vorbei nach Albano führt, ist sein Werk und hieß daher in früheren Tagen „Strada Alessandrina". Klemens XIV. (1769-1774) erwarb in seinem Pontifikat die sich am päpstlichen Besitz anschließende Villa Cybo und sorgte so für eine beträchtliche Vergrößerung der Gesamtanlage.

Der genannte Papst galt als ruhig, bescheiden und fromm. Bei seinen Ausritten in die Umgebung Castel Gandolfos jedoch verließ den Papst sein sonst so „ruhiges Naturell" (Ludwig von Pastor). Domenico Paoli, der Agent der Republik Lucca am Päpstlichen Hof, schrieb seiner Regierung, die Art des Reitens erwecke bei der Umgebung des Papstes große Furcht; niemand, der den Heiligen Vater bei seinen Ausritten zu begleiten habe, könne mit ihm mithalten. Der Papst galoppiere seiner Eskorte oft davon. Wenn man mit der Landbevölkerung spreche, wisse man nicht, was bei dieser überwiege, die Bewunderung für den Heiligen Vater oder die Sorge um sein Wohlergehen. „Der Reitstil Seiner Heiligkeit muss als äußerst verwegen und ungestüm betrachtet werden", merkte der Gesandte an.

Pius IX. (1846-1878) sollte nach dem Gagnanelli-Papst ein weiterer Pontifex Maximus sein, dessen Aufenthalte in Castel Gandolfo bei der Bevölkerung in besonderem Andenken blieben. Der Papst sah zwar in seiner Residenz „einen Ort, der eher geneigt sei, dort Betrachtungen über den Tod anzustellen, als in ihm den Sommerurlaub zu verbringen", dennoch suchte er ihn fast jedes Jahr auf. Er nutzte Castel Gandolfo zu ausgedehnten Ausflügen. Es soll im Umkreis von zehn Meilen keine Kirche, kein Kloster, keinen Adelssitz und kein Kolleg oder Wohltätigkeitsinstitut gegeben haben, das er nicht besucht hätte. Vor allem liebte er es, auf dem Pferderücken die Gegend zu erkunden. Die Bauern applaudierten dem Papst begeistert, wenn er bei seinen Ausritten dem Gefolge davongaloppierte.

Nach dem Ende des alten Kirchenstaates (1870) blieb der päpstliche Palast für viele Jahrzehnte geschlossen. Leo XIII. war seit Urban VIII. der erste Papst, der nicht nach Castel Gandolfo fahren konnte. Er zeigte jedoch sein Wohlwollen durch großzügige Spenden für die Pfarrkirche und die Bevölkerung. Pius X. (1903-1914) und Benedikt XV. (1914-1922) ließen in dem Ort Volkswohnhäuser bauen. Mit den Lateranverträgen von 1929 stand einem erneuten Aufenthalt der Päpste in ihrer Sommerresidenz, die nun exterritorialen Status besaß, nichts mehr im Wege. Pius XI. (1922-1939) ordnete umfangreiche Restaurierungs- und Baumaßnamen an. 1934 verlegte er die dem Jesuitenorden anvertraute Päpstliche Sternwarte aus der Vatikanstadt nach Castel Gandolfo.

Während des Zweiten Weltkrieges befahl Pius XII., in seiner Sommerresidenz den von Nationalsozialisten und Faschisten verfolgten Menschen Zuflucht zu gewähren. Im Oktober 1943 wurde eine Abteilung der Päpstlichen Palatingarde als Schutztruppe nach Castel Gandolfo verlegt. Später dann, angesichts der Kämpfe zwischen der deutschen Wehrmacht und den Alliierten, gab der Heilige Vater die Order, die Pforten der Residenz auch offiziell zu öffnen; mehr als 15.000 Menschen fanden hier Schutz. Seine Privatgemächer hatte der Papst werdenden Müttern zur Verfügung gestellt; 36 Kinder kamen in der Villa des Heiligen Vaters wohlbehalten zur Welt. Die Landung anglo-amerikanischer Verbände bei Anzio und Nettuno (22. Januar 1944) brachte auch Castel Gandolfo in beträchtliche Gefahr. Bomben der Alliierten wurden am 1. und 10. Februar über Albano abgeworfen – auch auf die päpstlichen Villen, obwohl an deren Gebäude die gelbweißen Flaggen des neutralen Vatikanstaates wehten. Viele Tote und Schwerverletzte waren zu beklagen.

Im 20. Jahrhundert nutzten die Päpste ihre Sommerfrische auch wieder verstärkt als reguläre Residenz; sie gaben dort regelmäßig Audienzen und erließen „ex Acre Gandulphi" päpstliche Entscheide. Diplomaten fremder Mächte überreichten in Castel Gandolfo dem Papst ihre Ernennungsschreiben zu Botschaftern beim Heiligen Stuhl, und offizielle Besuche von Monarchen und Staatsoberhäuptern fanden hier statt. Für die Päpste Pius XII. und Paul VI. wurde die Sommerresidenz in den Albaner Bergen zu ihrem Sterbeort; von hier aus traten sie den letzten Gang in ihre Bischofsstadt an.

Für Johannes Paul II. war Castel Gandolfo kein echter Urlaubsort; zu viele Audienzen hielten den Papst von der nötigen

Erholung ab. Auch fanden in der Sommerresidenz philosophische Symposien, die so genannten „Gespräche von Castel Gandolfo", statt, an denen der Heilige Vater persönlich teilnahm. Auch für Benedikt XVI. wurde der Aufenthalt in den Albaner Bergen zum „Arbeits-Urlaub". Ein Großteil der Recherchen und Arbeiten an dem „Jesus"-Buch des Papstes fanden hoch über dem Lago di Albano statt. 2006 gab er in seiner Sommerresidenz drei deutschen Journalisten ein vielbeachtetes Fernsehinterview, das der Bayerische Rundfunk ausstrahlte – ein Novum in der Papstgeschichte.

Der Pontifex Maximus aus Bayern bemühte sich in seiner Sommerresidenz auch um Familiarität. So gab der Jahresbericht 2005 der Päpstlichen Schweizergarde über ein „Nachtessen mit Papst Benedikt XVI." Auskunft: „Am Dienstagabend, 30. August 2005, stieg der Heilige Vater, Papst Benedikt XVI., ins Gardequartier hinunter, um gemeinsam mit uns Gardisten zu essen. Er kam in Begleitung seiner zwei Sekretäre, Mons. Gänswein und Mons. Mietek sowie der vier Damen, die für Küche und Haushalt sorgen". Über das Essen selbst erfuhr man sehr wenig, nur das die Vorspeise aus „Melonenkugeln mit Rohschinkenstückchen" bestanden habe.

Eine kleine „Enthüllung" bot der Jahresbericht dann doch: „Meinrad [ein Schweizergardist] öffnete zum krönenden Abschluss mit seinem Schwert den Spumante, mit dem gar der Heilige Vater anstieß, der sich sonst strikt jedes Alkoholkonsums enthalten hatte. Er hatte Wasser und Orangensaft getrunken. Mit erhobenem Glas hielt er also eine kurze Abschlussrede, in denen er allen dankte für den Abend und allgemein für den Dienst der Schweizergarde. Dieses gemeinsame Nachtessen sei Ausdruck der Nähe und Gemeinschaft, die wir während des Jahres in Rom und auf ganz besondere Weise in Castel Gandolfo leben würden". Gut zwei Stunden habe der Papst mit den Gardisten verbracht, verkündete der Bericht mit unüberhörbarem Stolz.

Papst Franziskus fand zu der Sommerresidenz in Castel Gandolfo keinen Bezug. Er ließ Palast und Gärten in ein Museum umwandeln. Für die Bewohner des Papststädtchens war dies kein Grund zur Freude, verschafften ihnen doch in früheren Zeiten die Aufenthalte der Päpste ein willkommenes Zubrot zu ihren wahrhaft nicht üppigen Einkünften, die sie sich ansonsten allein aus dem Weinanbau- und -verkauf verschaffen mussten.

„Vatikanisches" Ausland

An den Ufern der Rhône

Man ist gewohnt, angesichts der früheren weltlichen Macht des Papstes vom „Kirchenstaat" zu sprechen. Dieser Ausdruck wird jedoch der politischen Realität nicht gerecht. Korrekterweise muss von den „Päpstlichen Staaten" gesprochen werden. Neben dem „Patrimonium Petri"– das „Erbe des heiligen Petrus" umfasste Rom und Latium – übte der Papst die Herrschaft über eine Reihe von Legationen (Staaten) aus. Die Legationen wurden von Kardinallegaten beziehungsweise Vizelegaten in relativer Eigenständigkeit verwaltet. Die Legaten wurden als das „alter ego" des Papstes betrachtet, so dass sie sogar über eine eigene Schweizergarde als Leibwache verfügten.

Auch in Südfrankreich besaß der Papst eine Legation. Die Grafschaft Venaissin in der Provence war 1274 in den Besitz des Heiligen Stuhles gekommen; die Stadt Avignon sollte Papst Klemens VI. (1342-1352) im Jahre 1348 von Königin Johanna von Sizilien zum Preis von 80 000 Florin erwerben. 1305 hatte Bertrand de Got, der Erzbischof von Bordeaux, als Klemens V. den Thron des heiligen Petrus bestiegen. Der Günstling König Philipps IV. des Schönen war der erste Papst, der sich von Frankreich abhängig machte; 1309 verlegte er seine Residenz nach Avignon. Sein Nachfolger, Papst Johannes XXII. (1316-1334), erließ im Juni 1317 ein Dekret, worin er feierlich verkündete, dass er von Avignon aus über die Kirche herrschen werde. Für sieben Jahrzehnte, von 1309 bis 1378, wurde die Stadt am östlichen Ufer der Rhône zum Sitz des Papstes und seiner

Kurie; die Geschichtsschreibung bezeichnet diese Epoche als die „Babylonische Gefangenschaft der Kirche".

Nachdem die Päpste gegen Ende des 14. Jahrhunderts in die Ewige Stadt zurückgekehrt waren, wurden Avignon und die Grafschaft einem Kardinallegaten unterstellt. Seit 1593 oblagen die Regierungsgeschäfte dann einem Vizelegaten. 1692 setzte Papst Innozenz XII. (1691-1700) eine eigene Kongregation für Avignon ein, die vom Kardinalstaatssekretär geleitet wurde; 1774 übernahm der Vizelegat den Vorsitz. Immer wieder versuchten die französischen Monarchen, dem Papst die Herrschaft über die Enklave streitig zu machen. So besetzte König Franz I. 1536 für kurze Zeit Stadt und Grafschaft. Versuche, in den Jahren 1663 und 1668 das Lilienbanner in der päpstlichen Residenz auf Dauer aufzupflanzen, scheiterten. Für die Jahre 1768 bis 1774 gelang dieses Unterfangen Ludwig XV. Dann jedoch verwaltete wieder der Vizelegat Avignon und die Grafschaft Venaissin.

Als die Umtriebe der Französischen Revolution Avignon erreichten, geriet der damalige Vizelegat des Papstes, Monsignore Filippo Casoni, in Bedrängnis. Gegen Ende des Jahres 1789 begann das „Volk", den Vizelegaten massiv zu bedrohen. Es kam sogar zu Handgreiflichkeiten gegenüber dem Prälaten, die von der dortigen Schweizergarde abgewehrt werden konnten. Man erzwang vom Vizelegaten Zugeständnisse, die dieser aber auf Weisung des Papstes zurücknehmen musste.

Die Wut der „Patrioten" über „die Einmischung des römischen Oberpriesters" richtete sich daraufhin verstärkt gegen seinen Stellvertreter, den Vizelegaten. Casonis Sicherheit schien nicht mehr gewährleistet. Über die Schlagkraft der militärischen Macht, die ihm zur Verfügung stand, machte sich der

Vizelegat keine Illusionen. Die päpstlichen Truppen bestanden aus einer Schweizergarde, einer Kavallerieabteilung (44 Reiter), der Infanterie (121 Füsiliere und 36 Grenadiere) und der Artillerie (54 Mann mit drei Geschützen!). Die Infanteristen unter dem Kommando eines Majors wurden von der Bevölkerung scherzhaft „petachine" genannt, da der Großteil der Soldaten das 50. Lebensjahr überschritten hatte. Der dienstälteste Offizier brachte es auf stolze 88 Lenze. Weiterhin gab es eine Bürgermiliz, die „Maréchaussée d'Avignon". Sie setzte sich aus sieben Brigaden zusammen: zwei von ihnen waren in Avignon selbst stationiert, ebenfalls zwei in Carpentras und je eine in Vaison, Cavaillon und L'Isle.

Auch als der Vizelegat letztendlich vertrieben worden war, schien die Sache des Papstes noch nicht verloren. Von der Bevölkerung kamen immer wieder Treuebekundungen gegenüber dem Heiligen Stuhl. So hielt der Abbé Maury am 20. November 1790 in Avignon eine flammende Rede. Der in der Grafschaft Venaissin geborene Geistliche deklarierte sich offen als päpstlicher Untertan und pries „die ebenso legitime als milde und geliebte Herrschaft des Heiligen Vaters". Vergeblich, denn Robespierre hatte die Parole ausgegeben: „Die Sache von Avignon ist die der ganzen Welt. Sie ist die der Freiheit." Am 14. September 1791 beschloss die französische Nationalversammlung die Annexion Avignons und der Grafschaft Venaissin.

Die Päpstliche Schweizergarde von Avignon versah den Wach- und Ehrendienst in dem Saal, der zu den Gemächern des Vizelegaten führte. Sie stellte die Eskorte, die dem Vizelegaten im Apostolischen Palast und in Avignon das Geleit gab. Die Schweizer begleiteten den Prälaten jedoch nicht, wenn sich dieser in die Grafschaft Venaissin begab. Die Garde bestand aus einem Hauptmann, zwei Korporalen (davon einer im Rang eines Leutnants) und 18 Gardisten. Die Gardisten lebten mit ihren Familien im Papstpalast, und zwar im Ost- und Südflügel des Kreuzgangs, dem so genannten „Quartier des Suisses". Am 8. Juli 1790 war an die Schweizer „sous peine – unter Strafandrohung" von Seiten der Revolutionäre die Aufforderung ergangen, das Quartier zu räumen; am 13. Juli hatte dann die letzte Familie ihre Wohnung verlassen.

In der Stadt der Päpste selbst hielt sich ein starker Widerstand gegen die Revolution. Als am 16. Oktober 1791 der „Patriot" Lescuyer durch unbekannte Hand zu Tode kam, schob man die Tat den papsttreuen Bewohnern Avignons zu; 60 Personen wurden willkürlich verhaftet und auf unvorstellbare Weise massakriert. Die zerhackten Leichen ließ man in der so genannten „fosse de la glacière", der Eisgrube des päpstlichen Palastes, verschwinden. In den folgenden Monaten ging man „gerichtlich" gegen die dem Papst noch immer ergebenen Bewohner der Stadt und Grafschaft vor; viele der päpstlichen Milizsoldaten wurden guillotiniert. Das Blutbad der Revolutionäre sollte für immer ungesühnt bleiben. Die Nationalversammlung in Paris beschloss im März 1792 für die in Avignon und der Grafschaft Venaissin begangenen Verbrechen, die Mordtaten eingeschlossen, eine Generalamnestie. Die folgenden Jahre brachten weitere Verbrechen. Eine große Anzahl der noch verbliebenen ehemaligen päpstlichen Milizsoldaten wurde hingerichtet; am 22. Juni 1794 fiel dann auch Adrien d'Andrée, der 80-jährige Kommandant der „Maréchaussée", unter dem Grölen des Pöbels dem Fallbeil zum Opfer.

Im so genannten Frieden von Tolentino erzwang Frankreich im Jahre 1797 vom Papst den offiziellen Verzicht auf die Besitzungen des Heiligen Stuhles in der Provence. Nach dem Sturz Napoleon Bonapartes stellte der Wiener Kongress im Jahre 1815 die alte Ordnung auf dem europäischen Kontinent größtenteils wieder her – auch die Päpstlichen Staaten erschienen erneut auf der Landkarte, mit Ausnahme der in Frankreich gelegenen Territorien, Avignon und der Grafschaft Venaissin.

In der einstigen Enklave des Heiligen Stuhles in Frankreich ist jedoch die Erinnerung an ihre „päpstliche" Geschichte nie verblasst. Davon zeugt noch heute der mächtige Papstpalast von Avignon, zahlreiche andere historische Bauten und eine Vielzahl von Artefakten. Überall erblickt man die traditionellen Insignien des Pontifex Maximus: die Tiara und die gekreuzten Schlüssel Petri. Für Weinliebhaber in aller Welt ist die mittelalterliche Residenz für alle Zeiten mit dem edlen Tropfen eines „Chateauneuf-du-Pape" verknüpft. Auch für Historiker und Archäologen bleibt Avignon ein weites und beständiges Forschungsziel – so unternahmen 2014 Wissenschaftler umfangreiche Grabungen, um die alten Papstgärten und ihre Geschichte zu rekonstruieren.

Wenn der Papst zum Stein des Anstoßes wird

Im August des Jahres 2011 hatte ein Erdbeben die Hauptstadt der USA erschüttert. Eines der bekanntesten Wahrzeichen der Metropole am Potomac River, das „Washington Monument", wurde bei dem Beben beschädigt. Der gut 170 Meter hohe Obelisk musste aus Sicherheitsgründen für Besucher geschlossen werden. Fast drei Jahre lang sollten die Reparaturarbeiten an dem geschichtsträchtigen Monument andauern. An mehr als 150 Stellen mussten Schäden ausgebessert und Risse gekittet werden. Insgesamt verschlang die Reparatur mehr als 15 Mio. Dollar.

Das Washington Monument, ein Turm aus weißem Marmor, der einem Obelisken des Pharaonenreiches nachgeahmt ist, befindet sich auf einem Hügel der National Mall, der Verbindungsgeraden zwischen dem Kapitol und dem Lincoln Memorial. Das Denkmal wurde zu Ehren des ersten Präsidenten der Vereinigten Staaten von Amerika, George Washington, errichtet. Engagierte Bürger hatten 1832 anlässlich von dessen 100. Geburtstag die „Washington National Monument Society" mit dem Ziel gegründet, den Bau über Spendengelder zu finanzieren. Aber erst am 4. Juli 1848 konnten die Arbeiten an der Gedenkstätte in Angriff genommen werden. Der Grundstein wurde durch die Freimaurerloge gestiftet, der George Washington angehört hatte. Obelisken galten in der Neuzeit als ein Symbol der Freimaurerei.

Das Washington Monument, fertiggestellt 1884, ist 555 Fuß

und 555 Fuß (169,3 m) hoch und an der Basis 55 Fuß (16,8 m) breit. Bis zur Fertigstellung des Eiffelturms im Jahr 1889 war es das höchste Bauwerk der Erde und ist noch immer deren höchster Obelisk. Eine Treppe mit 897 Stufen und ein Aufzug bringen Besucher in einen mit Fenster ausgestatteten Bereich unterhalb der Spitze des Monuments. Auf dem Gang oder der Fahrt nach oben blickt der Besucher auf Steine, die aus den Vereinigten Staaten von Amerika und aus aller Welt für das gewaltige Bauwerk gestiftet wurden. Einer der Steine sollte mit dazu beitragen, dass sich die Fertigstellung des Obelisken für lange Zeit verzögerte — es war der Stein, den Papst Pius IX. (1848-1878) für das Washington Monument bestimmt hatte.

Im 19. Jahrhundert war die Zahl der Katholiken in Nordamerika stetig angestiegen. Gesellschaftlich befanden sie sich indessen in einer wenig beneidenswerten Lage. Eine protestantische Oberschicht, aufklärerisches und laizistisches Gedankengut und nicht zuletzt die Dominanz der Freimaurerlogen drängten die Katholiken in die Defensive und diskriminierten sie und ihren Glauben. Wenn auch George Washington Mitglied einer Freimaurerloge und dieser Ideologie in hohem Grade zugetan war, so hatte er sich jedoch seinen katholischen Mitbürgern gegenüber nicht ablehnend oder feindlich erwiesen. Er erwies ihnen sogar sein Wohlwollen; einige seiner persönlichen Freunde waren Katholiken. Als Pius IX. von der Errichtung des Obelisken zu Ehren Washingtons erfuhr, sah er eine Gelegenheit gekommen, die Beziehungen der katholischen Kirche zu den Vereinigten Staaten zu verbessern, zumal sich anti-katholische Bewegungen immer mehr Gehör verschafften und an Einfluss gewannen.

Am 24. Dezember 1851 schrieb Lewis Cass Jr., der amerikanische Geschäftsträger in den Päpstlichen Staaten, an den Sekretär der „Washington National Monument Society": „Ich habe die Ehre, Sie zu informieren, dass ich von Seiner Heiligkeit dem Papst darüber in Kenntnis gesetzt wurde, dass er beabsichtigt, einen Marmorstein für die Erbauung des Nationaldenkmals zu Ehren Washingtons zu stiften. Der Stein entstammt den Ruinen des antiken Tempels des Friedens, der beim Haus Cäsars gelegen ist, und trägt die Inschrift ‚Rome to America' (A Roma Americae)."

Am 20. Oktober 1853 erreichte der Marmorstein des Papstes Washington. Das Geschenk Pius' IX. stieß in bestimmten Kreisen auf heftige Ablehnung. Besonders die „Know-Nothing Party" zeigte ihren Unmut. Diese Gruppierung definierte sich durch eine ausgeprägte Fremdenfeindlichkeit und eine strikt antikatholische Ausrichtung: Bürger der Vereinigten Staaten zu werden, sollte nach ihrer Maßgabe nur Protestanten britischer Abstammung vorbehalten sein.

In der Nacht des 6. März 1854 stahlen maskierte Männer den Stein des Papstes. Sie versuchten ihn mit Gewalt zu zerschlagen, was aber nicht vollständig gelang. So entschieden sie in aller Eile, den Marmorblock in den Potomac River zu werfen. Schon bald zeigten sich Indizien dafür, dass die Diebe Angehörige der „Know-Nothing Party" sein mussten. Doch trotz intensiver Nachforschungen konnten die Täter nicht gefasst werden. Das „Verschwinden" des päpstlichen Geschenks und der darauffolgende Versuch der antikatholischen Gruppierung, die Kontrolle über die „Washington National Monument Society" zu erhalten, wurden zum Auslöser dafür, dass über Jahrzehnte die Arbeiten an dem Obelisken zum Erliegen kamen oder nur sporadisch fortgeführt werden konnten. Auch der Amerikanische Bürgerkrieg trug das Seinige dazu bei. Und so konnte das Denkmal erst am 6. Dezember 1884 fertiggestellt werden. Auf der Aluminiumverkleidung des Monuments war die Inschrift angebracht worden: „Laus Deo — Gelobt sei Gott". Das ursprünglich durch die Logen inspirierte Bauwerk erhielt damit gleichsam eine religiöse Taufe. Doch einen Stein des Papstes trug es nicht. Am 28. Februar 1885 wurde es von US-Präsident Chester Alan Arthur eingeweiht und 1888 für die Öffentlichkeit freigegeben. Es ist als nationale Gedenkstätte („National Memorial") ausgewiesen und wird vom „National Park Service" der Bundeshauptstadt verwaltet.

1982 findet der Beitrag der Päpste zu dem geschichtsträchtigen Bauwerk der US-Metropole seine Fortsetzung. Auf ausdrücklichen Wunsch Papst Johannes Pauls II. (1978-2005) wurde ein neuer Stein für das Washington Monument gestiftet – eine Replik des Originals, die bei einer vom National Park Service und der Erzdiözese Washington ausgerichteten Feier in den Obelisken eingesetzt wurde. Der Marmorstein Pius' IX. bleibt bis zum heutigen Tag verschollen. Nur Splitter und kleine Bruchstücke sind erhalten. Fragmente des Steins wurden kurz nach dem Diebstahl an Souvenirjäger für je fünf Dollar verkauft. 1972 erwarb das „National Building Museum", das Architekturmuseum der Vereinigten Staaten, eines der Bruchstücke. Es war 70 Jahre zuvor in die Hände einer Frau gelangt, die es von dem Bruder eines der Diebe erhalten hatte.

Die Suche nach dem Stein selber hält auch in der Gegenwart an: Es gibt eine Direktive der Washingtoner Behörden, bei Arbeiten am und im Potomac River nach dem gestohlenen Stein des Papstes Ausschau zu halten.

Auf den Spuren päpstlicher Soldaten

Die niederländische Version der freien Internet-Enzyklopädie Wikipedia benennt die Ortschaft Oudenbosch als ein „dorp" (Dorf) im Westen der Provinz Nord-Brabant. Wer von Breda oder Rotterdam einen Abstecher zu dem „dorp" unternimmt, erlebt eine Überraschung, und zwar in mehrfacher Hinsicht. Der kleine Ort, seit 1997 der Gemeinde Halderberge einverleibt, präsentiert sich mit einer imposanten Basilika, deren Größe in keinem Verhältnis zur Zahl der Einwohner von Oudenbosch steht. Der Besucher, der das Gotteshaus zum ersten Mal sieht, reibt sich erstaunt die Augen. Er blickt auf eine Fassade, die ihn an die Lateranbasilika erinnert. Der übrige Bau versetzt ihn dann noch mehr in die Ewige Stadt, er zeigt eine unverkennbare Ähnlichkeit mit dem Petersdom in Rom.

Die Kirche in Oudenbosch, die unter dem Patronat der heiligen Agatha und der heiligen Barbara steht, ist 81 Meter lang und 75 Meter breit; sie erreicht eine Höhe von 63 Metern. Die Maße der Basilika entsprechen Sankt Peter in Rom – in der 16-fachen Verkleinerung. Und auch das Innere des Gotteshauses ahmt die Grabstätte des Apostelfürsten nach. In der Vierung steht eine getreue Nachbildung des Papstaltares von Bernini. Vier Säulen, die auf marmornen Sockeln ruhen, tragen den Baldachin, der aus Gips gefertigt und mit vergoldeter Bronze überzogen ist. Darüber wölbt sich die gewaltige Hauptkuppel, die wie ihr römisches Vorbild als Inschrift die Primatsverheißung an den heiligen Petrus aufweist.

Die Apsis der Kirche beherbergt ebenfalls „Römisches". Die strahlende, von Wolken und schwebenden Engeln umgebene Gloriole mit der Taube als dem Symbol des Heiligen Geistes und der prachtvolle Sakramentsaltar sind ihren Originalen in St. Peter exakt nachgebildet. Nicht einmal auf die berühmte, Arnolfo di Cambio zugeschriebene Statue des heiligen Petrus in der Vatikanischen Basilika braucht der Besucher zu verzichten; im Mittelschiff der Kirche steht eine Kopie des bekannten Werkes. Den wichtigsten Imitaten in der Oudenboscher Basilika, dem „Papstaltar" und dem Sakramentsaltar, versuchte man sogar eine bestimmte Art von Authentizität zu geben – deren Mensen ließ man aus Steinplatten, die man in den römischen Katakomben fand, anfertigen.

Die Baupläne für das Gotteshaus stammen aus der Feder des berühmten Roermonder Architekten Petrus Josephus Hubertus Cuypers (1827-1921), dem die Stadt Amsterdam u.a. das Rijksmuseum und den Zentralbahnhof verdankt. Die Arbeiten an der Oudenboscher Kirche hatten 1865 begonnen; 15 Jahre später war die Weihe durch den Bischof von Breda erfolgt. Die Fassade sollte dann 1892 fertiggestellt werden. 1911 erhob Pius X. das Gotteshaus in den Rang einer „Basilika minor".

Vor der Basilika, mitten auf dem Kirchplatz, findet der Besucher ein seltsames Denkmal. Es zeigt Papst Pius IX. (1846-1878), der einen vor ihm liegenden sterbenden Soldaten segnet. Das Monument verrät, warum in Oudenbosch eine Kopie des Petersdoms mit der Fassade der Lateranbasilika entstand. Im letzten Jahrzehnt des alten Kirchenstaates, in den Jahren 1860 bis 1870, sah man sich in Rom mit dem Risorgimento, dem Streben nach der politischen Einheit Italiens, konfrontiert. Die Freischärler Giuseppe Garibaldis und das savoyische Königshaus versuchten, diese auch militärisch zu erzwingen und bedrängten vehement das weltliche Herrschaftsgebiet des Papstes. Der Kirchenstaat rief damals Katholiken aus aller Welt zu Hilfe. Es entstand eine Armee, die sich dazu verschrieben hatte, die Rechte des Papstes zu verteidigen und die Freiheit der Kirche zu sichern. Zu den Einheiten des kleinen Heeres zählte auch das Korps der Päpstlichen Zuaven, in dem Freiwillige aus vielen katholischen Ländern Dienst taten. Die Zuaven kamen aus allen sozialen Schichten: Königliche Prinzen aus dem Hause Bourbon-Anjou dienten unter ihnen ebenso wie Ärzte und Juristen aus Frankreich oder Handwerker und Bauern aus den Benelux-Staaten – als einfache Soldaten, ohne irgendwelche besonderen Standesprivilegien.

Mit gut 3.200 Mann bildeten die Niederländer das stärkste Kontingent des Korps, obschon sie sich mit ihrer Einschreibung in die päpstliche Armee der Gefahr aussetzten, ihre Staatsbürgerschaft zu verlieren. Oudenbosch wurde in den 60er Jahren des 19. Jahrhunderts zum „Verzamelcentrum", zum Sammelplatz der Zuaven-Anwärter, bevor diese die Niederlande in Richtung Rom verließen. Die Entstehung der „Basiliek van de H. H. Agatha en Barbara" und ihre „römische Prägung" wären nicht denkbar gewesen ohne die damalige enge Bindung der niederländischen Katholiken an ihre Kirche und vor allem an den Nachfolger des heiligen Petrus. Die Treue zum Papst wollte man in dieser Zeit nicht nur ideell, sondern auch durch den Einsatz des eigenen Lebens bezeugen. In Oudenbosch zeigte sich die Anhänglichkeit an Rom in all ihren Nuancen.

Die Geschichte der Päpstlichen Zuaven wird im „Nederlands Zouavenmuseum" vermittelt, das im ehemaligen Gemeindehaus von Oudenbosch untergebracht ist. Im Museum sind auch die Uniformen der niederländischen Freiwilligen zu sehen. Die türkisch anmutende Kleidung der Päpstlichen Zuaven war nach dem Vorbild einer französischen Heereseinheit in Algerien entworfen worden, der sie ihren Namen verdanken. Die Ausstellung birgt zwei Gemälde von Johannus Petrus Faber. Das eine bezeugt den Mut des niederländischen Zuaven Pieter Jong aus Lutjebroek im Gefecht bei Montelibretti (13. Oktober 1867). Auf dem anderen ist zu sehen, wie die Zuaven bei der Choleraepidemie des Jahres 1867 in Albano trotz der hohen Ansteckungsgefahr die Kranken pflegten und die Toten begruben. In dem Museum befindet sich auch das kostbare Mentana-Banner; es erinnert an den Sieg des Zuavenregiments bei Mentana (3. November 1867). Nach dem Ende des Kirchenstaates und ihrer Rückkehr in die Heimat gründeten die Zuaven Bruderschaften und Bünde, die anfänglich darauf abzielten, dem Papst zur Verfügung zu stehen, sobald er sie wieder benötigen sollte. Später machten es sich die Alt-Zuaven zur Aufgabe, einander zu unterstützen und auf kirchlichem und sozialem Gebiet tätig zu werden. Ihre Abteilungsfahnen, soweit sie erhalten blieben, werden in Oudenbosch aufbewahrt. Den vielleicht interessantesten Teil der Dauerausstellung bilden die zahlreichen persönlichen Briefe, Photographien, Bittgesuche, Tagebücher, Entlassungsscheine und Auszeichnungen der niederländischen Zuaven – greifbare Erinnerungen an eine denkwürdige Episode aus der Geschichte.

Noch heute finden sich in den Niederlanden Spuren dieses katholischen Freiwilligenregiments. Aus den vielen Veteranenverbänden entstanden später Chöre und Sportvereinigungen, die bis dato im Vereinsnamen die Bezeichnung „Zouaven" tragen. Zu den berühmtesten Chören des Königreichs zählt der

„Koninklijk Tilburgs Mannenkoor Sint Caecilia", der sich auf die Liedertafel einer Zuavenbruderschaft zurückführt. Grootebrocks Fußballklub „De Zouaven" trägt in seinem Vereinswappen die gekreuzten Schlüssel Petri. Als kulinarische Spezialität gilt in der Provinz Brabant die „Zouaventaart". Zu der schmackhaften Torte empfahl die Nachkommin eines Oudenboscher Zuaven dem Verfasser dieser Zeilen ein Getränk aus Harry Johnsons „Handbuch für Bartender", den „Zuaven Cocktail" (4cl Kümmellikör, 4cl Vermouth, 1 Dash Absinth, 2 Dash Orangenbitter).

Ein „päpstliches" Museum im Fels

Die ehemalige Artillerie-Festung von Naters im schweizerischen Kanton Wallis ist eine beeindruckende Anlage. 1939 wurde das militärische Bollwerk von Pionieren der Schweizer Armee erbaut. Im Fels gelegen, hoch über dem Rhônetal, schützten seine Kanonen im II. Weltkrieg den strategisch wichtigen Simplonpass und den Eisenbahntunnel, der durch das gewaltige Bergmassiv führt. An die 200 Mann konnten in der eidgenössischen Festung stationiert werden. Einem Angriff hätte die Besatzung monatelang standhalten können. Alle Einrichtungen waren den Blicken Neugieriger entzogen; in einem „unterirdischen Dorf" befanden sich Küche, Kantine, Aufenthalts- und Schlafräume, ein Maschinenraum mit dieselbetriebenen Generatoren, Luftfilter- und Entfeuchtungsanlagen, zwei große Behälter mit je 300.000 Liter Wasservorrat sowie verdeckte Versorgungsleitungen aus der Region, ein Nothospital mit Operationsmöglichkeiten – und ein Depot der Nationalbank. Die Gebirgsfestung galt noch bis 2002 als streng geheim.

Über Jahrzehnte hatten sich die Ehemaligenverbände der Päpstlichen Schweizergarde mit dem Gedanken getragen, in der Schweiz ein Museum zur Geschichte des Korps zu errichten. Finanzielle und organisatorische Schwierigkeiten standen dem Unternehmen jedoch immer wieder entgegen. Im Vorfeld zur 500-Jahr-Feier der Garde kam die Überlegung auf, ein solches Projekt in der Gemeinde Naters zu realisieren. Die Wahl des Ortes war nicht zufällig, denn die Walliser Familien, besonders diejenigen aus Naters, haben seit 1825 die meisten Söhne als Soldaten zum Papst nach Rom entsandt; aus dem Wallis insgesamt waren es an die 700 Mann, aus Naters gut eine Hundertschaft. Am 11. November 2006, dem Festtag des Gardepatrons Sankt Martin, konnte das „Zentrum Garde" eröffnet werden. Eingeweiht wurde es durch die Schweizer Bundesrätin Micheline Calmy-Rey. In ihrer Festansprache zur Eröffnung des 1,2 Mio. Schweizer Franken teuren Zentrums betonte die Bundesrätin den friedfertigen Auftrag der päpstlichen Leibwache. Wache stehen, heiße aktiv sein; wer Wache stehe, habe keine Aggression im Sinn. „Der Gardist, der Wache steht, verkörpert sehr gut, was ich mir von der Schweiz erhoffe; seien wir dankbar, dass es sie gibt, die Gardisten", beendete Micheline Calmy-Rey ihre Rede.

Zeitweise waren bis zu 40 Personen mit der Arbeit an dem Museum beschäftigt – Schreiner, Elektriker, Maler, Klimatechniker, Modellbauer, Photographen, Multimediaspezialisten, Übersetzer und viele andere. Zwei Jahre lang trugen 25 Studenten des Seminars für Volkskunde und Kulturwissenschaften der Universität Basel Interviews und Ausstellungsobjekte für das Projekt zusammen. Für die Ausstellungsfläche des Museums waren ursprünglich 300 Quadratmeter vorgesehen; damit hätte es der durchschnittlichen Größe eines Regionalmuseums in der Schweiz entsprochen. Die Ausstellung sollte einen Empfangsbereich beherbergen, eine Fotodokumentation, eine Zeittafel, den Raum „1506", der die Gründung des Korps erzählt, Vitrinen mit diversen Objekten, Infosäulen und Monitore, die Interviews zur Garde wiedergeben. Alles war konzipiert, die Themen und der Parcours für das Publikum festgelegt, als das Unerwartete eintrat. „In den letzten Monaten vor der Eröffnung brachte einer ein Fotoalbum, ein anderer den Wimpel des FC Guardia, die Tochter eines Gardisten einige Orden, der Sohn eine Uniform, eine Enkelin das Tagebuch, ein ehemaliger Gardist die Goldene Schallplatte der Gardemusik und so weiter", berichtet Werner Bellwald von der Museumsleitung. „Was Gardisten und deren Angehörige anboten, vorbeibrachten, schenkten oder liehen, häufte sich beängstigend."

In der Festung gab es eine zweite große Munitionshalle. In langen Fluchten reihten sich 250 eisenarmierte Betongestelle aneinander. Hier waren bis vor wenigen Jahren Tausende Armeegeschosse eingelagert worden. Die Ausstellungsleitung beschloss, den ursprünglichen Charakter der Halle beizubehalten und verglaste lediglich die Öffnungen der Munitionsnischen, in die man nun die unterschiedlichsten Objekte der Garde platzierte. Jedes Exponat wurde anlässlich der Übernahme dokumentiert, mit dem Besitzer oder der Besitzerin fotografiert, Erinnerungen und Erklärungen aufgeschrieben, die Geschichte des Gegenstandes festgehalten. Die Besucher können in der Halle Platz nehmen, in eigens dafür geschaffenen Ordnern blättern und nachlesen, was es mit diesem oder jenem Exponat auf sich hat.

Das „Zentrum Garde" bietet einen abwechslungsreichen Rundgang mit Informationen über die Gründung und die Geschichte des päpstlichen Wachtkorps – keine Waffen-, Uniformen- und Fahnenschau. Im Mittelpunkt stehen vielmehr die jeweiligen Lebenssituationen der Schweizergardisten: ihre damaligen und heutigen Motive, in die Fremde zu ziehen, ihr Dienst, die Gestaltung ihrer Freizeit und Freud' und Leid ihres Lebens im Vatikanstaat und in der Weltstadt Rom. Das Konzept der Ausstellung scheint das Publikum anzusprechen, spricht sich rund und sorgt für immer neue Gäste.

„Das Gardemuseum zählt jährlich zwischen 5.000 und 7.000 BesucherInnen", berichtet Werner Bellwald. „Geführt wird das Publikum durch ehemalige Schweizergardisten, die auch entsprechend Auskunft geben können zu allen denkbaren Fragen. Die meisten Besucher kommen in Gruppen ins Museum; sie stammen vorwiegend aus der Region und aus der Deutschschweiz, gefolgt von Gruppen aus der französischen Schweiz und Gästen aus dem Ausland – Auf Wunsch kann auch die Festung Naters, in der das Museum beherbergt ist, besichtigt und ein Apéro (kleiner Stehempfang) gebucht werden, was den Besuch zu einem unerwarteten Erlebnis im Untergrund macht".

In der Regel werden Dauerausstellungen nach einmaligem Besuch als „gesehen" abgehakt. Ein zweites Mal geht selten jemand hin. Nicht so in Naters. „Seit der Eröffnung haben wir jedes Jahr einige neue Vitrinen mit Gegenständen eingerichtet", kann Werner Bellwald mit Stolz vermelden. Das Museum, das heute an die 700.000 Quadratmeter Ausstellungsfläche aufweist, verfügt noch über weit mehr als hundert leere Boxen, die auf künftige Exponate warten. Kein Exponat ist den Museumsmachern zu ungewöhnlich, auch dann nicht, wenn es in keine der Vitrinen passt, und erst in seine Einzelteile zerlegt und dann wieder zusammengebaut werden muss, damit es im Innern der Festung bewundert werden kann. So geschehen mit einem roten Porsche. Werner Bellwald hat ihn per Zufall in Rom entdeckt.

„Ich stand gerade mit ein paar Gardisten am Sankt-Anna-Tor, als plötzlich dieser rote Porsche mit vier Gardisten zum Tor hereinfuhr" berichtet der Kurator. „Ich fiel fast um vor

Freude, habe sofort den Besitzer kontaktiert und ihm gesagt, ich bräuchte den Porsche unbedingt für die Ausstellung. Doch er meinte, er könnte ihn mir unmöglich überlassen, weil er ihn selbst noch ein Jahr brauche und sich außerdem ein Kollege dafür interessiere. Am Ende hatten wir riesiges Glück, dass der Gardekollege sich einen Töff zulegte und wir den Porsche kaufen konnten." 3.000 Euro hat der exquisite Wagen gekostet, inklusive vatikanischem Nummernschild und Original-Spuren vom römischen Verkehr. Der Besucher kann sich in den Porsche hineinsetzen und von dort aus einen Film über die Freizeit der Gardisten von damals und heute anschauen. Für einen Teil der Szenen ist Werner Bellwald mit dem Porsche durch Rom gefahren und hat vom fahrenden Auto aus gefilmt.

Liste der erwähnten Päpste
in alphabetischer Reihenfolge

Alexander VI.	Rodrigo Borgia	1492-1503
Alexander VII.	Fabio Chigi	1655-1667
Benedikt XV.	Giacomo della Chiesa	1914-1922
Benedikt XVI.	Joseph Ratzinger	2005-2013
Gregor XVI.	Bartolomeo Alberto Mauro Cappellari	1831-1846
Innozenz XII.	Antonio Pignatelli	1691-1700
Johannes XXII.	Jacques Duese	1342-1352
Johannes XXIII.	Balthasar Cossa	1410-1415
Johannes XXIII.	Angelo Giuseppe Roncalli	1958-1963
Johannes Paul I.	Albino Luciani	
Johannes Paul II.	Karol Wojtyla	1978-2005
Julius II.	Giuliano della Rovere	1503-1513
Kalixt I.		217-222
Klemens VI.	Pierre Roger	1342-1352
Klemens VII.	Giulio de'Medici	1523-1534
Klemens VIII.	Ippolito Aldobrandini	1592-1605
Klemens IX.	Giulio Rospigliosi	1667-1669
Klemens XI.	Giovanni Francesco Aban	1700-1721
Klemens XIV.	Giovanni Vincenzo Ganganelli	1769-1774
Leo X.	Giovanni de Medici	1513-1521
Leo XII.	Annibale della Genga	1823-1829
Leo XIII.	Gioacchino Pecci	1878-1903
Nikolaus III.	Giovanni Gaetano Orsini	1277-1280
Paul II.	Pietro Barbo	1467-1471
Paul V.	Camillo Borghese	1605-1621
Paul VI.	Giovanni Battista Montini	1963-1978

Pius II.	Enea Silvio Piccolomini	1458-1464
Pius IV.	Giovan Angelo Medici	1560-1565
Pius V.	Antonio (Michele) Ghislieri	1566-1572
Pius VI .	Giovanni Angelo Braschi	1775-1799
Pius VII.	Luigi Barnaba Chiaramonti	1800-1823
Pius VIII.	Francesco Saverio Castiglione	1829-1830
Pius IX.	Giovanni Maria Mastai Ferrete	1846-1875
Pius X.	Giuseppe Sarto	1903-1914
Pius XI.	Achille Ratti	1922-1939
Pius XII.	Eugenio Pacelli	1939-1958
Sixtus IV.	Francesco della Rovere	1471-1484
Urban VIII.	Maffeo Barberini	1623-1644
Viktor I.		186 (189)-197 (201)

Register